Hannes Glanz • Liebe und andere Katastrophen

ISBN 978-3-7059-0292-3
1. Auflage 2009
© Copyright by Herbert Weishaupt Verlag,
A-8342 Gnas. Tel.: 03151-8487, Fax: 03151-84874
e-mail: verlag@weishaupt.at
e-bookshop: www.weishaupt.at
Sämtliche Rechte der Verbreitung – in jeglicher Form und Technik –
sind vorbehalten.
Druck und Bindung: Druckerei Theiss GmbH,
A-9431 St. Stefan. Printed in Austria.

Hannes Glanz

Liebe und andere Katastrophen

Neues vom Kernölbotschafter

Weishaupt Verlag

*Für
Irene, deren Lachen heilsam ist
Karin, deren Rat mich stützt
Judith und Daniel, deren Hilfe neue Wege öffnet*

Inhalt

Nach zwanzig Jahren Schreiben ... 7

Liebe und andere Katastrophen ... 9

Nicht nur Sport ist anstrengend ... 53

Viel Arbeit, auch für Vampire und Politiker ... 95

Wenn die Idylle stresst ... 129

Die üblichen Verdächtigen ... 187

Verzeichnis ... 188

Nach zwanzig Jahren Schreiben

Ich bin Schriftsteller und Angestellter,
Herzenssteirer und Salzburgliebhaber,
Kaffeehaussitzer und Spaziergänger,
Zeitungsleser und Touristenbeobachter,
Gesprächszuhörer und Geschichtenerzähler,
Lyriker und Satiriker.

Dazu Radsportler und Golf-Fahrer,
Zwillingsbruder und Lieblingsonkel,
Öl-Hörer und Musiksüchtiger,
Single-Haushälter und Schuhputzverweigerer,
Pokerface und Zeitgenießer,
Hoffender und Träumender.

Ach ja, behindert bin ich auch.
Aber nach zwanzig Jahren Schreiben
ist das nicht mehr wichtig.

Liebe und andere Katastrophen

Romantik verzweifelt gesucht

Neulich verbrachte ich einen Abend in weiblicher Gesellschaft, der alle Ingredienzien eines echten Rendezvous in sich trug: Treffpunkt im Stammcafé, Einladung zum Essen, danach ins Kino und als krönender Abschluss noch auf einen Drink in eine der angesagtesten Bars der Stadt. Oberflächlicher Anlass war mein kurz zurückliegender Geburtstag. (Ich bin bereits in einem Alter, wo man selbiges lieber verschweigt; ich versichere der geschätzten Leserschaft jedoch, dass ich mich deutlich jünger fühle und auch so aussehe.)

Was aber verschafft dem gemütlichen Beisammensein zweier Menschen die Höherqualifikation zum echten Rendezvous? Richtig: Ich war in meine charmante Begleitung bis über beide Ohren verliebt, was ich ihr in einem geeigneten romantischen Augenblick auch kundtun wollte.

Leider ist es nie dazu gekommen. Die Tatsache, dass eine lange Liebesgeschichte nachfolgend zu einer Kurzsatire mutiert, spricht an sich schon Bände. Mein durchaus elegantes Scheitern verdanke ich einzig den äußeren Umständen. Manche waren so bizarr, dass sie kaum Mitleid mit meiner x-ten Niederlage auf dem Schlachtfeld der Zweisamkeit erregen werden, wohl aber einige Lacher – und seien es auch nur solche aus Schadenfreude.

Mitten in der postamourösen Krise einer Städtefreundschaft zwischen Salzburg und Zagreb, die sich partout nicht in eine Fernbeziehung mit einer kroatischen Englischstudentin hatte verwandeln lassen wollen, lief mir in der von mir frequentierten Physiotherapie-Praxis eine Karenzvertretung über den Weg. Diese stammte zwar ebenfalls aus einem fernen, unbekannten Land, drückte sich aber doch in einer dem Deutschen verwandten Sprache aus – zumindest hin und wieder. Obwohl sie nicht sicher sein konnte, dass ihr vorarlbergischer und mein südoststeirischer Dialekt überhaupt kompatibel sind, machte Birgitt (man beachte die knackige Schreibweise am Ende!) einmal nach der Arbeit ganz unvermutet den Vorschlag eines gemeinsamen Essens. Ich war so baff, dass ich einen schon vereinbarten Termin an diesem Abend beinahe vergaß und außerdem glaubte, hier könne nur von „irgendwann einmal" die Rede sein. Als sie mir wenig später jedoch mit den Worten „Ich warte draußen!" ihre erschreckende Spontaneität offenbarte, wusste ich in meinem Erstaunen keine bessere Ausrede als das ehrliche „Heute habe ich aber keine Zeit", was wiederum sehr nach billiger Entschuldigung klang. Über unser grandioses Missverständnis brachen wir zeitgleich in schallendes Lachen aus und gingen getrennte Wege.

Das Essen fand sieben Tage später statt, an einem der ersten lauen Sommerabende des Jahres. Es passierte wenig Satirisches, doch der Zeitfaktor blieb in meinen Gedanken hängen. In Birgitts Gegenwart verrauschte das Leben seltsam zeitlos. Am Ende hatte ich dreißig Minuten vergangen gefühlt, doch als ich auf die Uhr sah, waren es drei Stunden.

Und nette Dinge wurden gesagt und fragende Blicke getauscht und ein erstes Gedicht geschrieben und viele Zweifel durchdacht und ein zweites Essen vereinbart und über vieles gelacht und das Gedicht geschenkt und sich darüber gefreut und der Geburtstag kam und die Einladung ...

Und das satirische Unheil nahm seinen Lauf.

Ich hatte bereits den ersten Caffè Latte und die *Salzburger Nachrichten* intus und überlegte, ob es sich mehr lohnte, das ausführliche Interview mit einem Moraltheologen zum Thema Gen-Mais – was eine Ethik-Kommission alles hervorbringt! – zu studieren oder doch lieber einen Crashkurs im Schnell-Blättern zu belegen. (Das ist eine Umschreibung für die Tätigkeit der meisten *Kronenzeitung*-Leser.) Da sah ich Birgitt an meinem Fenster – ich vereinnahme es ebenso für mich wie *meinen* Lieblingsplatz in *meinem* Café Classic – vorbeigehen und war dank meines zufälligen Blicks davor gefeit, durch ihre unvermutete Anrede furchtbar zu erschrecken, was furchtbar peinlich gewesen wäre und kaum nach entspannter Vorfreude auf die gemeinsamen Stunden ausgesehen hätte. Die hilflose Erklärung, dass ich schon seit meiner Kindheit aus den nichtigsten Gründen vor Schreck zusammenklappe wie ein Original Schweizer Taschenmesser, und das Geschehnis nichts mit der auslösenden Person zu tun hat, blieb mir sohin auch erspart.

Mit gewohnt federnden, eleganten Schritten trat sie an den Tisch, küsste mich auf beide Wangen (mein Vorfreude-Pegel stieg sprunghaft an!) und setzte sich mit einem erleichterten Seufzer an den Tisch. Obwohl die Müdigkeit ihrem Gesicht deutlich anzusehen war, entkam ihr keine der bei so vielen Leuten üblichen Klagen über „einen grässlichen Tag". Sie bestellte gespritzten Apfelsaft, und weil sich in meinem Caffè-Latte-Glas bereits Bodensatz gebildet hatte, schloss ich mich mit Johannisbeersaft pur an. Ein schwerer Fehler, aber das wusste ich in diesem Moment noch nicht.

„Verrätst du mir, wohin wir heute Abend gehen?", fragte ich, nachdem Birgitt ein wenig zur Ruhe gekommen war. Sie hatte seit der Einladung ein Geheimnis daraus gemacht, sich nur den Hinweis entlocken lassen, es sei nichts Besonderes, ich bräuchte mich nicht „aufbrezeln". (Den Begriff hatte ich erst nach intensiver Internetrecherche verstanden und war wie gewünscht in Alltagskleidung erschienen.)

„Ins Kino", sagte sie leichthin, nahm einen tiefen, befriedigenden Schluck und lächelte verschmitzt. „Nicht sehr originell, aber das wollte ich schon immer mit dir machen, also habe ich zwei Karten besorgt."

Frauen sind doch was Hinterhältiges – gestern hatte mich Birgitt auf meine leichtfertige Bemerkung, einen guten Film gesehen zu haben, genauestens ausgefratschelt, wann und wo und was und wieso überhaupt. Dass sie diese Unterhaltung nicht allein wegen ihrer ungeheuren Sympathie für mich geführt hatte, war mir nun so klar wie der Ratschlag meines besten, schon verheirateten Freundes, den ich mit der Bitte um zweckdienliche Hinweise vor diesem Treffen kontaktiert hatte.

Sie tun nichts ohne Grund, alles ist geplant, hörte ich ihn – quasi ein zweites Mal – in meinem Kopf sagen. Bleib cool, schau, was sich ergibt, und warte auf den richtigen Augenblick.

Kino wäre wunderbar, wollte ich antworten, weil mir gerade nichts Cooleres einfiel. Aber die Frage meiner Coolness erledigte sich in der nächsten Sekunde ohnehin von selbst, denn es ergab sich etwas, jedoch definitiv *nicht* im richtigen Augenblick.

„Ciao Ragazzo!"

Die ebenso unerwartete wie plötzliche Anrede seitens meiner Italienischlehrerin Silvia – Stammleser kennen sie bereits aus der Satire *Italien für Anfänger* – ließ mir exakt in der oben beschriebenen Weise den Schreck in die Glieder fahren. Hiermit wäre der Peinlichkeit schon Genüge getan gewesen, doch ich toppte sie mit Leichtigkeit dadurch, dass ich nicht nur zusammenzuckte, sondern auch gerade dabei war, das Glas mit Johannisbeersaft pur an die Lippen zu führen. Die Folge war ein gewaltiger Schwall, der sich auf rechter Hand, Pulloverärmel, Hose, Marmortischchen und Fußboden ziemlich gleichmäßig verteilte, sowie das im Gleichklang ertönende, helle Auflachen zweier Damen. Ich kam mir vor wie Albert in *Hitch – Der Date Doktor*, dessen großes Herz nur von seiner noch größeren Ungeschicklichkeit übertroffen wird.

Welche der nun folgenden Erniedrigungen am wenigsten erträglich scheint, ist wohl reine Geschmackssache: Der mit breitestem Grinsen vorgebrachte Dank Silvias, ihr den allerersten Lacher an diesem Tag verschafft zu haben; die geknurrten „Macht nichts, macht nichts"-Beteuerungen der Kellnerin, welche mit dem größten Aufwischfetzen der Welt erschien, um die dunklen Fußbodendielen vor bleibenden Schäden zu bewahren; nicht einmal das kleinlaute Ersuchen um zwei, drei Taschentücher an die Frau meiner Träume – in meinen Albträumen höre ich sie noch immer sagen: „Behalt gleich die ganze Packung, wer weiß, was noch passiert!" –, der ich mich von meiner glanzvollsten Seite zeigen wollte, blieb mir erspart.

Während ich notdürftig Hände und Kleidung trocknete (für die Reinigung letzterer würde ich wohl auf die in diesen Belangen phänomenalen Künste meines guten Hausgeistes vertrauen müssen), erreichte die Zahl meiner für den Fauxpas vorgebrachten Entschuldigungen immer neue Rekordwerte – sie lag dabei in heftigem Wettstreit mit meinem noch immer ansteigenden Adrenalinspiegel. Erst ein gütignachsichtiges Lächeln auf Birgitts Gesicht und genug kaltes Wasser in der Herrentoilette (samt energischem Zuspruch ans eigene Spiegelbild) beendeten diese historische Auseinandersetzung.

Minuten später hatten sich sowohl Silvia als auch der Aufwischfetzen weit genug von meinem Fenstertisch entfernt, dass ich wieder in die Realität zurückkehren konnte. Birgitt äußerte den Wunsch nach Nahrungsaufnahme noch vor dem Kinobesuch, wogegen ich nichts einzuwenden hatte. Feststoffliche Gerichte auf flachen Tellern weisen einen wesentlich geringeren Freiheitsdrang auf als Obstsäfte in fragilen Gläsern. Solche Flüssigkeiten hatte man in grauer Vorzeit bestimmt eher zum (voll beabsichtigten) Einfärben von Stoffen verwendet. Als Date-Starthilfe hatte sich der Vertreter aus der Sparte *Schwarze Johannisbeere* soeben selbst aus dem Spiel genommen. Der Erinnerungsschandfleck auf meiner hellbeigen Hose würde den ganzen Abend sichtbar bleiben, aber zum Glück befinden sich in Westeuropa die meisten Tischkanten über Hosenbundniveau, und im Kino ist es ohnehin dunkel.

Da mir der Startpunkt unseres gemeinsamen Abends aber doch irgendwie befleckt schien und sohin denkbar ungeeignet für eine spontane Liebeserklärung, machte ich den Vorschlag eines Ortswechsels. Natürlich nicht panisch auf Flucht drängend („Ich halte das nicht mehr aus! Die Kellnerin schaut mich jedes Mal schief an, wenn sie an unserem Tisch vorbeigeht!"), sondern wie ein Gentleman, der seiner Begleitung jeden Wunsch von den Augen abliest und augenblicklich mit gutem Rat beispringt: „Wir können gerne hier essen, aber ich kenne gleich um die Ecke ein Lokal, das ich dir unbedingt zeigen möchte!"

Schon blitzte Neugier in Birgitts Augen, und mir fiel ein Stein vom Herzen, dass ich die Stätte meiner Niederlage verlassen und zu neuen Ufern aufbrechen konnte.

Dort jedoch erwartete uns ein Kampf gegen spanische Windmühlen, im wahreren Sinne der Worte, als Sie, geschätzte Leserschaft, es sich an diesem Punkt der Geschichte jemals träumen lassen würden!

Das *Riedel* ist eine elegant-kleine Mischung aus Weinbar, Café und Lounge, mit schwarzen Ledermöbeln, indirekter Beleuchtung und – wie es sich für die Namen gebende Glasmanufaktur gehört – vielen guten Weinen im Angebot. Es war wenig los; nur zwei Damen mittleren Alters, nach ihrer Kleidung Businessladies, die sich wohl mühsam eine gemeinsame Stunde zwischen ihren zahllosen Terminen freigeschaufelt hatten, saßen am Fenster zum Platzl. In Wahrheit entpuppten sie sich bei näherem Hinhören als leidenschaftliche Kritikerinnen aktueller Filme, und sogleich wechselte meine Einschätzung von *Geschäftsfrau* auf *Geschäftsmann geheiratet*. Vorurteile sind doch etwas Herrliches!

Nach kurzem Studium der Weinkarte bestellte Birgitt ein Achtel Grünen Veltliner, ich die gleiche Menge Chardonnay. Die Kellnerin nickte, notierte und kehrte in erstaunlicher Kürze mit dem Gewünschten zurück. Noch mehr staunten wir jedoch, als sie die zwei Gläser schwungvoll, aber genau verkehrt vor uns auf den Tisch stellte.

Dass ich bei Preisen jenseits von 3,50 Euro (nach alter Geldrechnung immerhin beinahe fünfzig Schilling oder eine knappe Wochenration *Kronenzeitung*!) für ein Achtel nicht die Flasche vom Nobelweingut zu sehen kriege, empfinde ich im *Riedel* schon als Manko. Aber die Aufnahme von Servierpersonal mit Ultrakurzzeitgedächtnis scheint mir doch zuviel an Liberalität für Gäste, die sich nur dann wohl und willkommen fühlen, wenn eine schlichte Getränkebestellung die Gehirnwindungen erreicht und nicht den schnellsten Ausgang über den zweiten Gehörgang in Richtung Nirwana nimmt. Hätte ich nun Whisky bestellt und meine Begleitung Mineralwasser? Würde man dann glauben, ich hätte es notwendig, mir für mein Geständnis Mut anzutrinken? Oder umgekehrt: Hätte Birgitt es notwendig, sich mich schönzusaufen? Entstehen so nicht die großen Missverständnisse der Menschheit, ausgelöst von schlecht geschulten und mies bezahlten Kellnerinnen? Wer kennt sich jetzt überhaupt noch aus?

Birgitt erlöste mich von meinen Fragen, indem sie kurzerhand die Gläser tauschte und mir zuprostete.

Das Essen war soeben gebracht worden – ich hatte meine *Tramezzini* zuvor direkt an der Bar ausgesucht, damit es wenigstens beim Salatteller keine Zuordnungsprobleme gab –, und Birgitt erzählte mir, was als Ausklang nach dem Film geplant war. Da betrat ein waschechtes, schon leicht überwuzzeltes Touristenehepaar die Szene – sie wild gestikulierend und mit lautstarkem Wasserfallgerede, er stumm und mit demütig gesenktem Kopf hinterher trottend. Beide hatten sich eine Ganzkörperverkleidung als Alpenrepublikaner gegönnt, zu kleiner Trachtenhut mit Wanderansteckennadel aus der *Piefke-Saga* inklusive.

Und als nach Johannisbeerdemütigung und Weißweinverwirrung zum ersten Mal an diesem Abend ein Anflug von romantischer Stimmung zu spüren war, schaltete mein Schicksal – gemein, wie es ist – wieder um auf Monty Python: *And now for something completely different!* Die beiden spanischen Pensionisten (sie gaben sich nicht die geringste Mühe, ihr wahres Ich zu verbergen) setzten sich an den Nebentisch, und sie bestellte wortgewaltig zwei Gläser Wein.

Von da an nur auf ihren schon halb weggetretenen Ehemann einzureden wie auf ein krankes Pferd, genügte der rüstigen Seniorin nicht. Nach der ersten Verkostung legte sie richtig los: Mit sicherem Griff holte sie aus ihrem Rucksack drei Mobiltelefone, verbannte den missbilligenden Blick ihres Gatten ins Reich der nie geschehenen Einbildungen und begann ohne Unterbrechung in eines der kleinen Dinger hineinzureden, als befände sich nicht ein Mensch am anderen Ende, sondern ein Computer, der einen Vortrag über die Geschichte Spaniens vom Urknall bis ins 21. Jahrhundert aufzeichnete. Oder eine Rezitation der Gesamtwerke von Cervantes, wobei von *Don Quixote* auch alle möglichen sprachwissenschaftlichen Interpretationen nachgereicht wurden.

Erst fragte ich mich in einer Mischung aus Staunen und Bewunderung über so viel Unverfrorenheit, warum die Dame nur eines ihrer Handys benutzte. Eine so haltlose Wortkaskade reichte locker, um alle drei möglichen Gespräche gleichzeitig zu bestreiten. Wobei *Gespräch* der falsche Begriff ist, schließt dieser doch eine mitunter fallende Antwort oder Gegenrede zumindest nicht aus. Aber Fehlanzeige: Sich selbst gestattete diese Mensch gewordene hängende Schallplatte gerade genug Zeit zum Luftholen, der angerufenen Person nicht einmal das – damit jene nie auf die von Anfang an zum Scheitern verursachte Idee kam, selbst einen Gedanken in gesprochenes Wort verwandeln zu wollen, und sei es nur der verzweifelte Aufschrei: „Halt endlich die Klappe!" (Keine Ahnung, wie das auf Spanisch heißt.)

Leise, intime Gespräche waren nicht mehr möglich, also aßen wir schweigend vor uns hin. Meine leichte Belustigung über diese typische Szene aus einer Touristenmetropole, die sich vor meinen Augen in eine Reality-Show zum Thema *Macht die mobile Kommunikationstechnologie aus normalen Menschen ungehobelte, rücksichtslose Zeitgenossen?* verwandelt hatte, drohte bereits in echten Ärger umzuschlagen. Mein zweites Tramezzino schmeckte nicht mehr; auf einmal war das Weißbrot latschert (für die deutschen Zuschauer der Johann-Lafer-Kochsendung: pappig), die Tomatenscheibe geschmacklos und der Prosciutto zäh wie ein argentinisches Gammelfleischsteak aus dem vergangenen Jahrtausend. Ich verzichtete auf die zweite Hälfte, spülte das unvermeidliche – weil schon in nahrungstechnischer Verarbeitung befindliche – Restchen mit Chardonnay und Leitungswasser hinunter und beschränkte mich darauf, meine angefressene Stimmung für mich zu behalten sowie Birgitt beim Essen zuzuschauen. Ihr konnte die Farce nebenan offenbar nicht den Appetit verderben.

Endlich waren auch das letzte Salatblatt und der kleinste Krümel im Brotkorb (sie musste ja wirklich knapp vor dem Hungertod gestanden sein!) seiner ultimativen Bestimmung zugeführt. Die Kellnerin kassierte ohne den geringsten Fehler – ein Lichtblick für ihre weitere Karriere in der Gastronomie. Erst als wir aufstanden, bemerkte ich, dass das Handy am Nebentisch nicht mehr im Einsatz war. Nun musste der Ehemann als Opfer herhalten; der Übergang war der Spanierin ohne jeden Zweifel nahtlos gelungen, wohl durch jahrzehntelanges Training.

Der war arm dran, als es noch keinen Mobilfunk gab, meinst du nicht? wollte ich Birgitt auf dem Weg über das Platzl und durch die Steingasse fragen, doch ihr Lächeln gefiel mir weit besser als jede Antwort, die sie mir darauf hätte geben können. Also bedankte ich mich nur für die Einladung zum Essen und verschob alle weiteren Verbalbotschaften auf später.

Im Kino kam mir langsam der Verdacht, Birgitt könnte von meinem Vorhaben einer Liebeserklärung weiblich-intuitiv Verdacht geschöpft haben und mich deshalb – unser beider durchaus vorhandenes cineastisches Interesse als Grund vorschützend – zu einem Film eingeladen haben. Nüchtern betrachtet, sind Lichtspieltheater geradezu ideale Liebeserklärungsverhinderer. Die nachfolgenden Fakten belegen dies:
- Sitzposition: Der Kinosaal ist eindeutig der falsche Platz für die wichtigste aller nonverbalen Kommunikationsformen, den tiefen Augen-Blick. Zum einen, weil man sich nicht gegenüber sitzt, es also zu Rückenschmerzen, Hexenschuss und Halsstarrkrampf kommen kann, wenn die Sitzhaltung zu lange den anatomischen Vorgaben des menschlichen Körpers widerspricht. Zum anderen steht man immer in brutalem Konkurrenzkampf mit dem auf der Leinwand Gebotenen. Nur wenn der Film grottenschlecht ist, schaut man vielleicht lieber zu seinem Nachbarn als nach vorne. Dann aber hätte Birgitt mich nicht ins anspruchsvolle Kulturkino eingeladen, sondern in einen der riesigen Mainstream-Tempel, wo die Bestuhlung oft mehr Qualität hat als die gezeigten Streifen.
- Dunkelheit: Verhindert ebenfalls das klassische *Ich schau dir in die Augen, Kleines*, obwohl das Zitat aus einem Filmklassiker stammt. Außerdem verliert jedes Kompliment zu Aussehen oder Kleidung der Angebeteten jegliche Glaubwürdigkeit, wie ein fiktiver Dialog illustriert: „Die grüne Bluse steht dir ausgezeichnet." – „Sie ist blau!" – „Aber hier drinnen sieht sie grünlich aus." – „Halt die Klappe, der Film fängt an."
- Redeverbot: Ein schon im vorangegangenen Punkt angedeutetes Problem. Die zarteste Liebesgedichtrezitation ist zum Scheitern verurteilt, wenn Bruce Willis verkündet: „Wir retten die Erde, Mister President!", mit den Glorreichen Sieben einen Wolkenkratzer terroris-

tenfrei schießt und zuletzt mittels Goldener Mastercard Julia Roberts von einem Nobelschuppen am Rodeo Drive loseist. Selbst mit der wichtigsten aller Meldungen („Ich liebe dich und möchte dich heiraten / dir meinen Zweitautoschlüssel schenken / ein gemeinsames Girokonto eröffnen") würde man nur den Zorn der Umsitzenden auf sich ziehen: „SCHSCHSCHSCH!!!" Das wäre noch erträglich, doch die Allerliebste versetzt dir flüsternd den Todesstoß: „Sag es mir später, ja? Es ist gerade so spannend!"

- Einzelsitze: Der letzte Strohhalm amouröser Hoffnung wird von Architekten versenkt, die der Meinung sind, Kinobesucher kämen nur der Filme wegen, müssten daher von jeder körperlichen Bewegung, die zu Lasten der geistigen geht, abgehalten werden. Entsprechend dieser Vorgabe sind die Sitze schlicht und ergreifend zweisamkeitsfeindlich gebaut. Natürlich ist es möglich, über die trennende Armlehne hinweg Zärtlichkeiten auszutauschen, aber dafür müssen in diese Richtung gehende Wünsche zweifach und zeitgleich vorhanden sein. Zufällig rennt da gar nichts, nicht einmal beim Hinsetzen. Beim Aufstehen, um die vertrottelten Immer-zu-spät-Kommer vorbeizulassen, ergeben sich zwar körperliche Kontakte, aber meist solche der ungewollten Art. Die einzige Lösung wäre ein Kino mit Doppelsitzen gewesen, doch dort lief der Film nicht, den Birgitt sehen wollte.

Nach eingehender Darstellung der Voraussetzungen, die alle gegen mich sprachen, kann ich unsere gemeinsame Zeit im Kino in aller Kürze abhandeln. Birgitt hatte sich für eine deutsche Tragikomödie entschieden, die mich schon bei den ersten Krankheitsschüben des unheilbar verkrebsten Patienten heulen ließ. Weil ich kein weiteres Mal um ein Taschentuch fragen wollte, bekam mein Pulloverärmel nach Johannisbeersaft auch noch ein gerüttelt Maß an Tränenflüssigkeit ab, was aber keine Rolle mehr spielte. Meine Begleiterin verfolgte die Handlung anscheinend regungslos, immer gerade nach vorne schauend und die Hände streng über dem Schoß gefaltet. Die Botschaft war eindeutig; ich gebe den daraus resultierenden Warnhinweis gleich in verständlicher Übersetzung an alle rettungslos verliebten Geschlechtsgenossen weiter:

Wenn ein Mädel, in das ihr verschossen seid, mit euch ins Kino gehen will, sorgt selbst für die Wahl des Films und der Location. Sonst passiert es, dass ihr in einem Melo mit Anspruch landet und in Einzel-

sitzen, die euch nichts weiter verheißen als hinterher die frustrierenden Abschiedsworte: „Wie schön, dass es noch Männer gibt, mit denen man sich die wirklich guten (???) Filme anschauen kann. Das machen wir doch wieder mal, oder?" Sagt ja, und schon habt ihr euch mit dem Bester-Freund-Syndrom angesteckt und werdet es nie mehr los.
Hört die Signale und ergreift die Flucht!

Der letzte Ratschlag ist zwar gut gemeint, für mich aber aus gesundheitstechnischen Gründen nicht anwendbar. Deshalb werde ich auch niemals meinen Kontostand mittels Banküberfall aufbessern können – das rasche Entwischen aus für alle Beteiligten emotional schwierigen Situationen ist einfach nicht mein Ding.

Außerdem hatte ich die mir selbst gesteckte Zielvorgabe des Abends noch immer nicht erreicht. Auf diesem Gebiet wiederum kann ich recht stur sein, und so schwor ich mir beim Verlassen des Kinos, in der *Steinterrasse* – die anfangs angekündigte, angesagte Bar, Sie erinnern sich – unter allen Umständen meinen Mund aufzumachen, irgendwo zwischen dem Bestellvorgang und dem Ruf nach der Rechnung.

Jedoch hat leider auch die Lokalität im obersten Stockwerk des *Hotel Stein* eindeutige Zweisamkeitsdefizite. *Angesagt* ist meist gleichzusetzen mit *überfüllt* und damit einhergehender Lautstärke. Diese wird zudem mit musikalischer Beschallung weit jenseits einer Grenze angefeuert, die man mit bestem Willen noch als räumlich temperiert bezeichnen könnte. Und die Ausleuchtung erhebt sich wohl deutlich über Kinoniveau, ist aber zu schummrig, also genauso augen-blickefeindlich.

Na gut ... Würde ich eben um zwei Sessel raufen, jedes gehauchte Wort herausschreien und abschließend ganz nah an Birgitt heranrücken müssen – wie es alle echten Männer tun, wenn sie das animalische Urprogramm laufen haben, um das Überleben des eigenen Stammbaumes zu sichern. (Während ich das schreibe, stellt mir mein gedankliches Spiegelbild die Frage, ob ich gleich vor Lachen brüllen oder aus Verzweiflung in Tränen ausbrechen werde. Ich verspreche Ersteres, denn heute ist Sonntag, und ich habe keine Taschentücher zuhause.)

Wir traten ein, und ich fand all meine Vorahnungen bestätigt: ein Rummel wie auf dem Jahrmarkt, ABBA in voller Lautstärke und noch schummrigeres Licht als sonst – wahrscheinlich hatten einige Lampen den Dienst quittiert, weil sie immer nur auf geringfügiger Basis beschäftigt wurden. Doch es begab sich auch ein glücklicher Zufall, der erste und einzige an diesem Abend: Gerade als wir an einem Fenstertisch zur wunderbaren Altstadtkulisse hin vorbeikamen, erhoben sich drei Gäste, und ich hatte ganz ohne Raufen einen Sieg errungen.

Birgitt blätterte ein wenig lustlos in der Getränkekarte und erwiderte dann lange meinen fragenden Blick. Spontan, wie auch George W. Bush seine grandiosen Demokratieverteilungseinfälle gehabt haben muss, kam mir die Idee eines Präventivschlages. Ich hatte ohnehin nur mehr höchstens eine halbe Stunde, also jetzt oder nie!

„Birgitt, ich ... –"

„Hallo! Habt ihr schon etwas gefunden?"

Ja! Die Überzeugung, dass Kellner immer im falschen Moment aufkreuzen!

„Grünen Veltliner und ein großes Glas Wasser, bitte", sagte sie ansatzlos. Mein Gehirn musste sich dagegen erst aus der Region *Liebe* in die bei Österreichern am gänzlich anderen Ende angesiedelte *Getränkebestellung* zurückkämpfen. Entsprechend schwerfällig war ich unterwegs und wurde dafür auch prompt getadelt.

„Ich höre!", sagte der Typ doch wirklich, was mich unter anderen Umständen zum sofortigen Verlassen der Örtlichkeit bewogen hätte. Es widerstrebte mir aber, eine unpassende Szene zu machen. Im Gegenteil, ich wollte nur mein persönliches, so sorgsam geplantes Drehbuch zu einem guten Ende bringen, damit der große Schicksalsregisseur endlich „Cut!" sagen und die eigens aus Vorarlberg angereiste Kritikerin mir ihre Zensur überreichen konnte.

„Chardonnay", erwiderte ich, weil ich das heute irgendwo schon einmal gehört hatte, und er verzog sich.

„Birgitt, ich wollte ... –"

„Entschuldigen Sie, ist dieser Stuhl verfügbar?"

Unglaublich, aber der gesamte Mikrokosmos einer Café-Bar hatte sich gegen mich verschworen. Der Nebentisch war plötzlich frei geworden, und die siegreiche Gruppe der Alpha-Männchen mit ihren Weibchen im Schlepptau war für die zur Verfügung stehenden Sitzmöglichkeiten eine Nummer zu groß. Aber es gab ja immer jemanden am Nebentisch, den man im wichtigsten Satz seines Lebens unterbrechen konnte.

„Sehr gerne." Birgitt lächelte hinüber. Er lächelte zurück und nahm den Sessel, völlig ahnungslos, dass ich ihn am liebsten damit erschlagen hätte. Ich schloss kurz die Augen und verinnerlichte das Mantra von der Universellen Menschenliebe aller Brüder und Schwestern dieser Erde, um wieder in Liebesgeständnisstimmung zu kommen.

„Birgitt, ich möchte ... –"

„Achtung, bitte sehr!"

Der Kellner hatte auch seinen zweiten Auftritt stichwortgenau. Hätte der Herrgott ihn nicht für die anfängliche Arroganz strafen und die Gläser hinter der Bar fallen lassen können? Er stellte jedoch den Wein erfreulich bestellungsgetreu auf den Tisch und sagte auch sonst nichts mehr, also ließ ich es ein allerletztes Mal durchgehen.

„Auf den gemeinsamen Abend!" Sie erhob ihr Glas und prostete mir zu. Die gute Sitte verbot es mir in diesem Moment, das eigentlich nötige „Lass das verdammte Glas und hör mir zu!" als Erwiderung zu wählen, sohin fügte ich mich gleichermaßen Brauch und Trinkspruch.

„Welchen Film schauen wir uns als nächstes an?", fragte sie und drehte dabei unschuldig am Untersetzer.

Überhaupt keinen mehr, wenn ich nicht bald anbringe, was mir unter den Nägeln brennt, am Herzen liegt und den Schlaf raubt!

„Birgitt, ich würde gerne ... –"

„Wolle Rose kaufe?"

Das darf doch nicht wahr sein!!!

„Nein, danke!" Ich verschmähe rote Rosen und andere Schnittblumen als Geschenk an die holde Weiblichkeit keineswegs, doch abgesehen von der Unterbrechung, wollte ich in dieser Situation nicht auf ein derart niedrig-plakatives Niveau sinken. Weiters fühlte ich a) Widerstreben, alle Besucher und dazu noch die Belegschaft der Sternterrasse quasi öffentlich an meinem Vorhaben zu beteiligen, einschüchternde oder ermutigende Reaktionen inklusive, b) nach kurzer Überschlagsrechnung der bisherigen Ausgaben die Peinlichkeit, nicht über genügend Liquidität zu verfügen (oder nehmen Rosenverkäufer auch *Mastercard?*), und c) Angst, mich in meiner grandiosen Ungeschicklichkeit an einem Dorn zu stechen und wieder um ein Taschentuch bitten zu müssen, noch vor dem klassischen Satz: „Mit dieser Rose möchte ich dir sagen ..." In meinem Blick, welchen ich dem Rosenverkäufer entgegenschleuderte, muss dies alles – trotz des schummrigen Lichts! – erkennbar gewesen sein, denn der junge Mann trat so erschrocken wie unverzüglich den Rückzug an.

„Birgitt, ich hätte da noch ... –"

„Warum warst du so unfreundlich zu ihm?"

Der Teufel erschien also in Gestalt eines harmlosen arabischen Rosenverkäufers und sorgte für das entscheidende Eigentor.

„Ich war nicht unfreundlich, ich wollte nur ... –"

„Aber sicher warst du! Den ganzen Abend wirkst du schon angespannt und nervös. Gibt es dafür einen besonderen Grund?"

Ja, verflucht! Ich liebe dich und weiß nicht, wie ich es dir sagen soll! Oder ich weiß es, und genau in dem Moment kommt irgendwer daher und unterbricht mich wie in der billigsten aller Hollywood-Slapstick-Komödien!

„Warum sagst du nichts?"

„Birgitt, ich ... es ist so laut hier, wollen wir gehen?"

Sie schien etwas verwirrt, nickte dann aber, und ich rief nach der Rechnung.

Es hatte zu regnen begonnen, und so verwandelte sich der Traum vom romantischen Nachtspaziergang in den heftig empfundenen Wunsch, so schnell wie möglich das Auto zu erreichen, zumal wir beide ohne Schirm unterwegs waren. Dass sich an diesem Abend sogar das Wetter gegen mich wandte, nahm ich bereits mit einem schicksalsergebenen Seufzer hin.

Endlich im Trockenen, schaute mich Birgitt beinahe zärtlich an. „Mein Wagen steht am Anfang der Schwarzstraße. Bringst du mich hin?"

In fünf Minuten würde sie also endgültig weg sein – ich nahm all meinen Mut zusammen, holte tief Luft und ging daran, diese wohl letzte Liebesgeständnischance zu nützen.

„Birgitt, ich will dir schon den ganzen Abend sagen, dass ... –"

Genau in diesem Moment raste ein Rettungsauto in vollem Einsatzgetöse den Makartplatz hinauf und an uns vorbei. Die Folgetonhornserenade wollte gar nicht enden, denn es kamen noch zwei Polizeiwägen hinterher, die offenbar den gleichen Weg hatten.

Meine eigene Vorsehung hatte ihr Ziel bereits erreicht und mich kleingekriegt. Wenn irgendeine höhere Macht es schaffte, nach der Manipulation von Italienischlehrerinnen, Touristen, Kinoarchitekten,

Kellnern, Barbesuchern, Rosenverkäufern und dem Heiligen Petrus persönlich auch noch einen Unfall so zu arrangieren, dass das Rote Kreuz samt ihren Freunden und Helfern genau in jener Sekunde mit Höllenlärm an mir vorbeidonnert, nur um ein simples „Ich liebe dich" zu verhindern, sollte ich das wohl als ultimative Aufforderung verstehen, es endlich bleiben zu lassen. Sohin tat ich wie geheißen und hielt meine Klappe. Was sonst auf der kurzen Strecke zu Birgitts altem Audi mit meinem neuen Golf Plus womöglich passiert wäre, möchte ich mir gar nicht erst ausmalen.

Sollte ich jemals wieder in die sehnsüchtige Verlegenheit des Irrglaubens kommen, einer Frau meine Liebe gestehen zu müssen, werde ich vom ersten Augen-Blick an eine völlig andere, neuartige Strategie fahren. Gilt es doch in Wahrheit, eine als romantisches Rendezvous getarnte Naturkatastrophe zu verhindern.

„XY, ich habe mich in dich verliebt. Ich wollte nicht, dass es passiert, aber du weißt, der Mensch denkt und Gott lenkt. Alles, was du für den heutigen Abend geplant hast, freut mich sehr. Wenn du nach diesen meinen Worten jedoch nichts mehr von mir wissen willst, kann ich es auch nicht ändern und wünsche dir alles Gute."

Für den Fall, dass sie es nach so viel Liebes-Überschwang nicht kapiert hat, treibe ich noch schnell irgendwo eine spanische Touristin jenseits der 70 auf, die erklärt es ihr bestimmt gerne ausführlicher. In der Zwischenzeit setze ich mich an die Bar und bestelle schwarzen Johannisbeersaft.

Pur, versteht sich.

Saisoneröffnung im Golfklub

Servus, Rüdiger! – Grüß dich, Franz!
Schaut so aus, als is' der ganz
Schlimme Winter nun vorbei
Da hab' i' dacht, ich mach' mich frei
Und fahr' nach Rif für a paar Schläge
Jaguar aus dem Gehege
Sommerpatscherl g'schwind montiert
Ich hoff' nur, dass' nimmer friert

Am Parkplatz bin i' gleich erstarrt!
Weißt, wer vor mir einifahrt?
Da Melnhof mit sein' Maserati!
Da Mateschitz hat an Bugatti!
Ja, altes Holz und süße Safterl
Ich hab' g'wusst, i' brauch a Achterl
An der neuen Klubhaus-Bar
Was sag' ich – alle war'n sie da!

Wo is' die Gattin, die Brunhilde?
Is' das Klima ihr zu milde? –
Die hat Falten um die Augen
Noch vom letzten Fettabsaugen
Darum meidet's die Gesellschaft
Bis die Sach' is' aus der Welt g'schafft –
B'stell ihr bitte meine Grüße
Ich muss wirklich auf die Wiese

Na dann, spiel' ma eine Runde? –
Spinnst? Ich hab' doch nur a Stunde
Zeit! Des reicht, dass man mein G'sicht
Hier in dieser Runde siecht
Außerdem gibt's heut' ein Essen
Darauf hätt' ich fast vergessen
Mit der feschen Frau LH
Also pfiat di', tschau, baba!

Tankstellen und die holde Weiblichkeit

Um beim gemeinsamen Kinobesuch mit einem Freund, dessen Führerscheinlosigkeit mir zwangsläufig den Chauffeurdienst zuwies, nicht in die Verlegenheit zu kommen, durch einen dringend notwendigen Tankstopp etwa den Filmstart zu versäumen, wollte ich selbigen an einem geruhsamen, jede Menge Zeit bietenden Samstag Vormittag erledigen. Die Diskonttankstelle liegt praktischerweise gleich neben dem Supermarkt, also kam die wichtigste Hausmännerverpflichtung des Wochenendes gleich mit auf die Liste.

Den Einkaufskorb vollgepackt mit allem, was das Leben lebenswert macht, bog ich beim Spritversorgungsunternehmen ein. Sämtliche Zapfsäulen waren besetzt bis auf eine, und ausgerechnet die befand sich auf der falschen Seite, nämlich auf der linken – woraus der aufmerksame Leser schließen kann, dass der gierige Schlund meines Golf Plus rechts angebracht ist. Das Herumwinden des Schlauches um den halben Wagen war mir zu mühsam, also entschloss ich mich zu einer 180°-Kehrtwendung. Kaum hatte ich aber zurückgesetzt und den Halbkreis vollzogen, schummelte sich ein schwarzer Audi A3 mit Scheibbser Kennzeichen an mir vorbei.

„Also das ist doch die größte Frechheit zwischen Scheibbs und Nebraska!"

Jemandem die letzte freie Zapfsäule zu stehlen ist beinahe so skandalös wie der Raub des letzten freien Parkplatzes. Zwar ist der daraus entstehende Zeitverlust begrenzter, aber man grabscht auch nicht auf der Krankenkasse nach der zur Seite gelegten Reihungsnummer, nur weil sich der rechtmäßige Besitzer gerade den linken Schuh zubinden muss.

Demzufolge entsprach die Entwicklung meiner Gemütslage auch der eines hoch drehenden Motors, der im ersten Gang steckt. Jede Muskelfaser meines Körpers spannte sich (habe ich in letzter Zeit etwa zu viele Folgen von *Dr. House* gesehen?), um herauszuspringen und auf angemessene Weise an das Unrechtsbewusstsein der Frau zu appellieren. Dass eine Frau den Wagen lenkte, schloss ich weder aus Haaren noch Gesicht, sondern aus meiner automobilen Lebenserfahrung. Der

A3 wurde nur für Frauen entwickelt, die eine protzige Marke fahren und trotzdem keine Probleme beim Einparken haben wollen. Audi gewissermaßen als Distanzierung vom Wagen fürs gemeine Volk, kurzer Hintern als Zugeständnis an die Bequemlichkeit, Schwarz schließlich als richtungsweisend für die Karriereambitionen der Besitzerin. Oder haben Sie schon einmal eine Vorstandskarosse in pastellgrün gesehen?

Bevor ich mein Vorhaben jedoch in die Tat umsetzte, sah ich die A3-Tussi aussteigen und nach dem Tankdeckel suchen, der sich blöderweise auch bei Audi auf der *falschen* Seite befindet. An dieser Stelle hätte ich mit der Frage zu ihr treten können, ob sie denn wisse, dass beide Fahrzeuge aus dem gleichen Automobilkonzern kämen. Dies hätte mich aber um eine einmalige Szene gebracht, die nun vor meinen Augen zur Aufführung gelangte.

Offenbar aus Sturheit oder der schieren Unmöglichkeit, den begangenen Irrtum sich selbst oder mir als interessiertem Zuschauer einzugestehen, griff sich die Frau mit entschlossenem Blick den Zapfhahn und zog ihn samt Schlauch wie einen störrischen Esel zum Tankdeckel. Die Breite ihres A3 hatte sie aber ebenso falsch eingeschätzt wie den Umstand, etwas zu weit von der Säule geparkt zu haben. Es folgten ein paar Versuche, den Zapfhahn durch geschicktes Hin- und Herdrehen doch irgendwie in den Stutzen zu bekommen, aber ihr Scheitern war ebenso unausweichlich wie meines beim Lösungsversuch eines *Standard*-Sudoku. Es blieb ihr nur, den Benzinspender wieder einzuhängen und mit ihrem schwarzen A3 eine 180°-Kehrtwendung zu starten. Irgendwie kam mir diese Idee bekannt vor.

Ich gehöre nicht zu den schadenfrohen Zeitgenossen, aber ein breites Grinsen konnte ich mir angesichts dieser Vorstellung kaum verkneifen. Zumal in der Zwischenzeit direkt vor mir eine andere Zapfsäule frei geworden war – mit der Füllvorrichtung auf der *richtigen* Seite.

Was lernen wir daraus? Dass der vermeintlich schnellste Weg nicht immer der schnellste sein muss. Und dass es nützlich sein kann, über die essentiellen technischen Einrichtungen seines mobilen Untersatzes genau Bescheid zu wissen.

Auch für Lenkerinnen von Frauenautos.

Partnersuche, unterschiedlich

Neulich durchflutete mich beim Lesen der Kontaktanzeigen-Seite wieder einmal freudige Erregung. Nicht die Erkenntnis, dass zahllose Frauen auf beziehungsweiser Suche nach mir sind, trieb mich dazu – nach meinen diesbezüglichen Lebenserfahrungen tendiert diese Zahl weltweit gefährlich gegen Null –, sondern der schier unerschöpfliche Vorrat an satirischem Rohstoff, den diese Seite Woche für Woche bereit hält. Da aber das Leben, anders als manche glauben, nicht allein aus unglücklichen Liebschaften besteht, die wiederum aus verunglückten Partnersuchannoncen hervorgegangen sind, picke ich mir stets nur die Rosinen aus dem Guglhupf.

Doch bevor ich sämtliche Zynismusleinen löse und in satirische See steche, gilt es, den bereits drohenden Mahnungen meiner weiblichen Leserschaft den Wind aus den Segeln zu nehmen. Vielleicht fühlen sich einige Damen persönlich betroffen und meinen daher, ich dürfe mich nicht über die vielen ungewollten und daher frustrierten Singles lustig machen, die sich ohnehin schon nach jedem noch so dünnen Strohhalm strecken.

Hiermit gebe ich zu: Mein ironischer Antrieb entstammt selbstverständlich meiner eigenen chronischen Erfolglosigkeit auf diesem Gebiet; keine meiner selbst produzierten Einschaltungen war je von Erfolg gekrönt. In der tiefsten Wahrheit meines Herzens lese ich diese Seite nur, um Leute zu finden, die es besser machen. Leider entdecke ich jedoch meist das Gegenteil – beim Lesen der folgenden, mit penibler Genauigkeit abgetippten Anzeige wird Mann entweder Beziehungsasket auf Lebenszeit oder löst sofort eine sündteure Jahreskarte im Roma-Club. (Was noch teurer werden kann, wenn man zufällig während einer *Behördlichen Überprüfung* dort ist und im Anschluss seiner Gattin erklären muss, in welchem Restaurant das Geschäftsessen tatsächlich stattgefunden hat.) Auf keinen Fall aber will er die Verfasserin dieser furchterregenden Zeilen kennen lernen. Aber sie sucht ohnehin nicht irgendwen, sondern die Nadel im Heuhaufen. Und das nicht nur sprichwörtlich:

> **Ich suche Dich!** Vor ca. 24 Jahren habe ich in Reimform auf Dein (**Zahnarzt**) Inserat geantwortet: (... braune Augen, dunkles Haar ...). Du wolltest mich gerne kennenlernen, ich habe mich zurückgezogen. Wie ist Dein Leben verlaufen? Bist Du auch wieder frei? Ich würde mich freuen, von Dir zu hören! Bitte melde Dich!

Der 08/15-lange Bart des Einleitungssatzes hätte beinahe mein Weiterlesen verhindert, aber was danach kam, katapultierte mich noch im Sitzen aus den Hauspatschen. Von bloßem Notstand zu sprechen, käme angesichts der genannten Zahl einer sträflichen Versimplifizierung gleich. Gibt es nicht eine Fernsehserie, die so heißt? Dort muss ein (natürlich amerikanischer) Superagent innerhalb von 24 Stunden die Welt retten. Die im Vergleich dazu eher einfach anmutende Problemstellung der persönlichen Beziehungskiste wurde von der Annonceurin nicht einmal in 24 *Jahren* gelöst!

Vermutlich aber liegt hier – wie so oft – die Schuld beim männlichen Gegenüber. Wie wir erfahren, hatte vor einem knappen Vierteljahrhundert nicht sie selbst inseriert, sondern er (Zahnarzt). Das erinnert mich augenblicklich und in schändlicher Klarheit an meinen jährlichen Kontrolltermin. Sollte ich meinen Zahnarzt diesmal in Reimform begrüßen um zu sehen, ob er darauf steht? Das geschätzte Alter meines Gebissklempners würde passen. Leider ist in der Anzeige das Gedicht nur fragmentarisch vermerkt; ansonsten hätte ich der verzweifelten Dame eine echte Hilfestellung bieten können. Ob sich aber hinter dem eher schlichten Appetithappen *braune Augen, dunkles Haar* ein lyrischer Leckerbissen verbirgt, steht auf einem anderen, nach 24 Jahren wohl schon vergilbten Blatt. Ich kann nicht hellsehen, fühle mich aber an meine ersten literarischen Gehversuche erinnert. Und die stammen aus einer Zeit, als ich jede Anstrengung unternahm, anstehende Zahnarzttermine zu vermeiden oder wenigstens so weit wie möglich hinauszuschieben. Meine Mutter behauptet, ich hätte mich vor Ort einmal sogar geweigert, den Mund aufzumachen. Seither hat sich nicht nur meine Lyrik verändert, also lasse ich das Reimen auf dem Behandlungssessel besser bleiben und wühle nicht in möglichen Erinnerungen eines verletzlichen Mediziners, während er in meinen verletzlichen Zähnen wühlt.

Du wolltest mich gerne kennenlernen ... Also hatte es damals *doch* über die Reimform hinaus Kontakt zwischen den beiden gegeben. Dies lässt drei Schlussfolgerungen zu: Entweder war die Lyrik der Inserentin vor 24 Jahren besser als heute vom Chronisten unterstellt. Oder aber sie war so schlecht, dass der Zahnarzt dahinter einen intellektfreien Geist vermutete, bei dem der Herrgott mangelnde verbale Stilsicherheit zu hundert Prozent mit einem supergeilen Aussehen beglichen hatte. Die simpelste Erklärung wäre, er stand damals schlicht und einfach auf braune Augen, dunkles Haar.

Die arme Frau ist aber nicht nur in Liebesdingen vor 24 Jahren stecken geblieben, sondern auch orthographisch. Damals schrieb man *kennenlernen* noch zusammen, heute darf man es auch trennen. Welch herrliches Wortspiel für zwei Leute, die nicht zusammengekommen sind (das schreibt man heute trotzdem nicht getrennt!).

Warum eigentlich? Wir erfahren es in der zweiten Satzhälfte: *... ich habe mich zurückgezogen.* (Hier blieb die Schreibweise interessanterweise unverändert, und trotzdem haben die zwei sich getrennt!) Ein Offenbarungseid, mit dem die verzweifelt Rufende die ganze Schuld auf sich nimmt. Das typisch österreichische *Hättiwaritäti*-Syndrom wird hier durch zentnerschweres Liebesleid x-fach potenziert. Dabei hatte es die Dame doch auf eine ganz andere Potenz abgesehen – jede Leserin darf sich nun ihr ganz persönliches Zielgebiet aussuchen, in dem sie vor 24 Jahren auf einen echt potenten Zahnarzt geflogen wäre.

An der Stelle hätte die ganze Sache noch pietätvoll gerettet werden können, etwa mit der Einsicht: *Ich weiß, welch schrecklichen Fehler ich begangen habe und wünsche Dir auf diesem Wege alles Gute für die nächsten 24 Jahre. Deine ...* Da die Dame jedoch ihr Leid nicht beenden will, sondern sich stattdessen lieber bis auf den Grund ihrer verdunkelten Seele darin vergräbt, lässt ihr Forscherdrang sie nicht in Frieden. Pech für alle Beteiligten, dass dieser nur den Rückwärtsgang kennt.

Wie ist Dein Leben verlaufen? Diese Frage ist schon deshalb obsolet, weil die meisten Männer in Beziehungsdingen nur über ein Ultrakurzzeitgedächtnis verfügen. Sie können zwar die Ergebnisse aller Fußballweltmeisterschaftsfinalspiele seit dem Jahre 1950 samt Torschützen auf Knopfdruck herunterbeten – von Brasilien gegen Uruguay (1:2, Tore: Friaca, Schiaffino und Ghiggia) bis Italien gegen Frankreich (1:1, Tore: Materazzi und Zidane, legendärer Kopfstoß des Franzosen inklusive) –, reagieren aber völlig planlos auf die vom besten Freund neidisch gestellte Frage, mit welcher Büromaus sie nach der Betriebsfeier letzte Woche bei sich zuhause im Bett gelandet sind.

Sollte der angesprochene Mann jedoch ausgerechnet an diesem Tag die Kontaktanzeigenseite studieren und sich auch noch an den Kurzzeitschriftverkehr mit jener Dame erinnern – die Chance, dass in den nächsten 24 Jahren Außerirdische auf der Erde landen, ist wesentlich größer –, in welcher Tonart fiele wohl seine Reaktion aus? Ein Brief mit den Worten: „Hallo! Ich bin glücklich verheiratet, habe drei wundervolle Kinder und meine Zahnarztpraxis rennt wie Sau", ist ebenso unpassend wie die zweite Möglichkeit: „Hallo! Ich habe keine Ahnung, wie mein Leben verlaufen ist. Seit du mir den Weisel gegeben hast, habe ich es erfolgreich mit Wein, Weib und Gesang (für den Fall, dass es sich bei dem Mann um einen Alt-68er handelt, wäre an dieser Stelle „Sex and Drugs and Rock & Roll" einzusetzen) betäubt. Zum Glück rennt meine Zahnarztpraxis wie Sau."

Jede Antwort, ob wahr oder falsch, würde nur das Liebesleid der Inserentin vergrößern. Denn eines wage ich als Mann mit unumstößlicher Sicherheit zu behaupten: Auf sie gewartet hat er nicht.

Bist Du auch wieder frei? Die Unglückliche rührt unbeirrt weiter; dass sie dabei verbal in den eigenen Wunden stierlt, hat sie aber nicht geschnallt. Mit dem neckischen Wörtchen *wieder* konnte sie zwar das deprimierend ehrliche *noch immer* im letzten Moment verhindern, was aber nichts an diesem Lassowurf am Kap der Letzten Hoffnung ändert. Für den Mann gilt das Gleiche wie im Absatz zuvor: Was um Himmels Willen soll er darauf antworten? Wenn er tatsächlich wieder frei ist, gibt er es nach Kenntnis dieses Inserates wohl endgültig auf, an diesem Lebensstatus jemals etwas zu ändern. Wenn nicht – siehe oben.

Ich würde mich freuen, von dir zu hören! Bitte melde Dich! Das muss die gute Frau zum Abschluss schreiben, auch wenn es nicht stimmt. In Wahrheit hat sie panische Angst davor, tatsächlich einen Brief zu erhalten. Bei Tageslicht weiß sie das, hat aber diese Anzeige (eine schlichte Vermutung des Chronisten) im Zustand weinseliger Einsamkeit verfasst und abgeschickt. Sohin kann ihr an dieser Stelle nur geraten werden, sie möge vor dem Öffnen einer etwaigen Antwort ein ähnliches Delirium herstellen. Das dämpft die Enttäuschung und erleichtert den Weinkrampf.

Natürlich widerstrebt es mir zutiefst, der armen Dame in ihrem Kummer auch noch satirisch eins drauf zu geben. Also habe ich trotz meiner ausführlich dargelegten Überzeugung, warum ich diese Annonce für Nonsens halte, keine Mühen gescheut und auf eigene Faust recherchiert. Das Ergebnis bringt, typisch für die entscheidenden Lebensfragen, eine gute und eine schlechte Nachricht.

Die gute: Der so heftig gesuchte Mann existiert tatsächlich und ist auch wieder – oder noch immer – frei. Die schlechte: Er hat keinerlei Interesse daran, eine Geschichte nach vierundzwanzig (damit ich es wenigstens einmal ausgeschrieben habe) Jahren aufzuwärmen, weder in Reimform noch in Prosa.

An den tief gefurchten Stirnen meiner Leserschaft erkenne ich eine brennende Frage: *Woher weiß der Kerl das bloß?* Ganz einfach: Der Mann inserierte auf der gleichen Seite wie die Frau. Nur war seine Anzeige kurz, prägnant, eindeutig – eben männlich.

> Gutauss. Mann, gepfl., schlank, sucht aufgeschl. Masseurin für wöchentl. Massage.

Vielleicht wäre die Annonceurin selbst nach 24 Jahren bereit gewesen, über ihren Schatten zu springen, und hätte zum nächstmöglichen Termin einen Kurs in Thailändischer Massage beim Wifi gebucht, aber das grausame Schicksal entschied gegen die beiden. Der Mann wurde nämlich fündig und genießt nun sein wöchentliches Glück mit einer Aufgeschlossenen.

Woher weiß er das nun wieder??? Ganz einfach: In der folgenden Wochenendausgabe war *ihre* Anzeige ein zweites Mal geschaltet. Seine nicht.

Schönes Schnoferl

Auf der Veranda des Café Tomaselli genießt ein Pärchen die erste Liebe mit so intensiven Augen-Blicken, dass der erstaunte Chronist nur bestätigen kann: Das Leben ist schön! Die junge Dame zum Anbeißen hübsch, vor ihrem Lächeln geht selbst der weltbeste Zuckerbäcker in die Knie. Der Stolz ihres Begleiters, sie bei sich zu haben, ist beinahe mit Händen greifbar. An dieser Stelle hätte die Szene mit *Und sie lebten glücklich bis ans Ende ihrer Tage* einen würdigen Abschluss finden können, aber im Leben führt kein Märchenonkel Regie, sondern das Mangelwesen Mensch.

Der junge Mann sagt etwas zu seiner Freundin. Leider muss es das Falsche gewesen sein, denn sie zieht aus heiterem Himmel ein furchtbares Schnoferl und versteckt ihre Rehäuglein flugs hinter einer riesigen Sonnenbrille. An ihrem Ausdruck ändert sich nichts mehr, und dem Chronisten bleibt nur übrig, das im Gesicht ihres Partners verdeutlichte Drama des modernen Mannes zu dokumentieren: Wenn eine Frau lächelt, hängt sein Himmel voller Geigen. Wenn sie aber schmollt, ist sie einfach unwiderstehlich.

Jungmännerabend im Casino

Während ich die wohlverdiente Pause zwischen erfolgreicher Vorrunde und Finale des Pokerturniers genieße, setzt sich eine Gruppe erst kürzlich der Adoleszenz entwachsener Jungspunde an den Nebentisch. Dass sie gerade versuchen, ihre Casinojungfräulichkeit loszuwerden, erkenne ich sofort: Die Zigaretten hängen ultracool aus den Mundwinkeln, die Begrüßungsjetons werden immer wieder nachgezählt. Trotzdem zwickt den einen der steife Hemdkragen, der zweite sorgt sich um die sichere Verwahrung der fix eingeplanten Geldvermehrung.

„Ich darf heute nicht zu viel gewinnen", sagt er in die Runde und versucht dabei, mit für die ganze Welt sichtbarer Lockerheit an seinem Gratissekt zu nippen. „Mein Sakko hat nur eine Tasche."

Sein Nachbar zur Rechten überprüft diese Aussage mit einem raschen Griff, grinst und meint: „Wenn du deiner Mutter das Teil in die Hand gedrückt und sie gebeten hättest, die Naht aufzutrennen, wären auch bei dir beide Taschen offen."

Während ich an den Pokertisch zurückkehre, gebe ich mich der stillen Hoffnung hin, der junge Kleiderexperte möge sich beim Verlust seiner *anderen* Jungfräulichkeit geschickter angestellt haben. Aber dafür musste er sich nicht unbedingt ein neues Sakko kaufen.

Fehleinschätzung

Das Alter einer Dame falsch einzuschätzen, kann fatal enden, wie ich neulich schmerzhaft erfahren muss. In voller Trainingsmontur bin ich dabei, mein Rad für eine ausgedehnte Sonntagsrunde zu besteigen, als Ursula, Nachbarin vom Haus gegenüber, heftig in die Pedale tretend die Straße entlang kommt. Sie sieht mich, hält an und betrachtet kritisch mein Spezialfahrzeug.

„Ich habe auch ein Fahrrad", beginne ich die Konversation. „Es sieht ein bisschen anders aus als deines."

„Ganz schön anders", stellt sie fest und fügt, der angeborenen weiblichen Neugier folgend, hinzu: „Wo fährst du jetzt hin?"

„Einfach durch die Landschaft. Und du?"

„Ich darf nur hier in der Siedlung fahren", antwortet Ursula, um sogleich die bedeutende Ausnahme herauszustreichen: „Aber in die Schule fahre ich auch."

„Und ich dachte, du gehst noch in den Kindergarten."

Sofort erkenne ich diesen – angesichts ihrer Zierlichkeit über meine Lippen gerutschten – Satz als schrecklichen Fehler und werde auch postwendend dafür bestraft.

„Quatsch!", ruft Ursula erbost. „Ich gehe in die 1A!" Nach dem bösesten Blick, zu welchem eine Siebenjährige fähig ist, strampelt sie grußlos davon, als hätte es diese Unterhaltung nie gegeben.

Wer kann es ihr verdenken, bei einem derart uncharmanten Nachbarn.

Themenwechsel, männlich

Am Vatertag im *Tomaselli*. Am Nebentisch gibt sich ein älterer Herr vom Typ emeritierter Professor modern und nimmt, ganz dem Zeitalter des *Genderns* (nach Hochdeutsch als Gipfelpunkt germanischer Linguistik weist die Erfindung des Neudeutschen eindeutig auf den bevorstehenden Niedergang unserer Sprache hin) verpflichtet, ein Kreuzworträtsel zur Hand. Das Lösen selbiger wird, wie sowohl in der Salzburger Altstadt als auch rundherum bekannt ist, im Allgemeinen eher dem weiblichen Universum zugeordnet.

Seine Begleiterin ähnlichen Alters schaut eine Weile interessiert zu, was erste Schweißperlen auf die Stirn des dezent Graubärtigen treibt. Nach einigen gut gemeinten Tipps ihrerseits hebt er entnervt den Blick und raunzt: „So blöd bin ich auch wieder nicht!"

Die Frau, eine Ehe lang in nobler Zurückhaltung geübt, nickt wohlwollend. Nach weiteren fünf Minuten schmeißt er den Kugelschreiber mit geschlagener Miene auf den Marmortisch, in dem deprimierenden Wissen, dass ihn nicht nur das Kreuzworträtsel bis in seine Träume verfolgen wird. Ein weiblich-sanftes Nicken wartet schon jetzt wie ein Stein unter seinem Kopfkissen.

Als letzte Rettung bleibt ihm nur noch die seit männlichen Urzeiten im Instinkt verankerte Flucht, welche im 21. Jahrhundert das biedere Schildchen *Themenwechsel* trägt. Als ob es nie ein Kreuzworträtsel gegeben hätte, schaut der alte Herr aus dem Fenster und meint versonnen: „Heute ist's aber schwül draußen, gell?"

Hochzeits-Crasher wider Willen

Neulich war ich zu einer Hochzeit eingeladen. Obwohl weder als Bräutigam oder Trauzeuge noch als Familienmitglied zu den Hauptakteuren zählend, bedurfte meine Teilnahme einiges an Vorbereitungen, denn die auf der Karte angegebenen Örtlichkeiten waren nicht eine österreichische Landkirche samt zugehörigem Dorfwirt, sondern befanden sich in der finnischen Hauptstadt Helsinki. In den Genuss der Einladung kam ich, weil der Bräutigam zwei Jahre lang in Graz mein Schulkollege gewesen war; die Anzahl der seither vergangenen Jahre lassen leicht mulmige Gefühle aufkommen, daher sei an dieser Stelle nur versichert, dass mein Freund Kari in den besten Jahren heiratet und ich nahe dran bin (an den besten Jahren, nicht am Heiraten).

Auch wenn es ein anstrengendes und teures Wochenende werden würde, sagte ich gleich nach Erhalt der offiziellen Ankündigung des Festes zu. Die Gelegenheit, eine über Jahrzehnte dauernde Freundschaft zu ehren und gleichzeitig geographisches Neuland zu betreten, ließ meine Seele vorfreudig vibrieren – durchaus zurecht, denn der satirische Gehalt jener drei Tage sollte mein auf diesem Gebiet ohnehin wohlgenährtes Dasein noch auf unerwartete Weise in den skandinavischen Schatten stellen.

Flüge bucht man heute trendy über das Internet. Es ist nicht länger notwendig, sich von irgendeiner Reisebüroangestellten beschwatzen zu lassen, sondern man klickt durch das reichhaltige Angebot der Flugbörsen, wobei es nur einen einfachen Grundsatz zu beachten gilt: Je früher man dran ist, desto billiger wird es. In meinem Fall achte ich noch auf ein kleines, aber der Bequemlichkeit ungeheuer dienliches Wort: *Nonstop*. Wer schon jemals durch die langen Fluchten eines europäischen Drehkreuzflughafens seinen Anschluss erreichen musste, schätzt dieses Detail.

Meine Wahl fiel auf Air Berlin (Hinflug am Freitag) und Finnair (Rückflug am Sonntag); erschwinglich und, wie schon erwähnt, nonstop. Vertrauensselig schickte ich meine Kreditkartendaten auf die elektronische Reise, wurde nach Minuten mit einer Bestätigung per

E-Mail beglückt und pries beim Vermerken der Flugzeiten in meinem elektronischen Kalender die technischen Segnungen des 21. Jahrhunderts.

Dass ich die E-Mail jedoch nicht vor der altmodischen Post hätte loben sollen, erkannte ich beim Studium der Auftragsbestätigung von Air Berlin, die eine Woche später eintrudelte. Dort hieß es unter *Flugdaten* lapidar: *Ab München ... an Düsseldorf ..., ab Düsseldorf ... an Helsinki ...* Noch ehe ich die Zeiten registriert hatte, startete ich schon das Internet zur Gegenkontrolle. Die dortigen Angaben zu meinem Flug waren jedoch unverändert: *Nonstop*.

Im Antwortmail einer Sachbearbeiterin der Börse auf meine bescheidene Anfrage zu dieser Diskrepanz hieß es nur, dass man *keinen Einblick in bezug auf die Linienabwicklungen der Airlines* hätte. Ich möge für diese *geringfügige Änderung Verständnis* haben.

Ich habe kein Verständnis, sondern eine Behinderung und damit das bessere Argument, schrieb ich (in abgewandeltem Wortlaut) zurück. Es vergingen ein paar Tage, und ich stellte mich schon gedanklich auf die langen Fluchten des Düsseldorfer Flughafens ein, da überraschte mich die Nachricht einer anderen Mitarbeiterin jener Internetreisevermittlung, die – offenbar eine Managementebene höher – lösungsorientiertem Denken nicht abgeneigt war: *Den gewählten Flug können wir Ihnen nicht nonstop anbieten,* hieß es in ihrer Mail, *aber einen anderen mit Finnair zum gleichen Preis. Wir wünschen guten Flug!*

Hin und wieder hat ein bisschen Sudern durchaus etwas für sich.

Dieser positiven Wendung folgte noch vor Reiseantritt eine weitere, als mir mein Physiotherapeut Daniel ähnlich vorfreudig von seinem diesjährigen Sommerurlaub berichtete, welcher seine Freundin und ihn nach Sri Lanka führen sollte.

„Und wann geht es los?", erkundigte ich mich aus therapeutischen Planungshintergedanken für die Zeit seiner Abwesenheit.

„Am 22. August", antwortete Daniel mit seinem tiefen Bariton und knetete sich aus lauter Begeisterung bis knapp an meine Schmerzgrenze. Trotzdem weckte der genannte Tag schlagartig mein Interesse.

„Ihr fliegt nicht etwa ab München?"

„Du hast es erfasst, Meister aller Klassen." In Gedanken sah er sich schon im Flieger sitzen; seine kräftigen Hände umfassten meine armen Knöchel wie den Steuerhebel im Cockpit. Gerade noch schaffte ich es, nach der Check-in-Zeit zu fragen.

„Der Flug geht zu Mittag", erläuterte er bereitwillig. „Da es sich um einen Interkontinentalflug handelt, müssen wir bis spätestens 9 Uhr dort sein."

„Das ist ja wunderbar!"

„Wir freuen uns auch schon sehr." Daniel grinste, doch dann trat ein leicht verwirrter Ausdruck in sein Gesicht. „Aber was hat das Ganze mit dir zu tun?"

„An diesem Wochenende findet in Helsinki eine Hochzeit statt." Seine Verwirrung stieg merklich, also fügte ich gleich hinzu: „Eine lange Geschichte. Eigentlich geht es nur um die Frage, ob ich mit euch zum Flughafen fahren kann."

„Aber klar doch, Mensch!", dröhnte Daniel in tiefstem Sächsisch und wandte sich meinen noch viel ärmeren Knien zu.

An der Fahrt nach München gab es eigentlich nichts auszusetzen; dennoch fragte ich mich öfter als einmal, ob der im Alleinreisefall notwendige (und für die Rückfahrt gebuchte) Shuttlebus nicht gleich die bessere Wahl geblieben wäre. Daniel benutzte die A8 keineswegs wie die meisten normalen Menschen als Autobahn, er flog mit seinem neuen Mazda6-Kombi darüber hinweg, als müsste er mir unbedingt einen Vorgeschmack auf das flaue Magengefühl und den Anpressdruck im Sitz während des Startvorgangs servieren. Von der Rückbank aus bremste ich in Gedanken, fürs Gasgeben war allein er zuständig.

Obwohl auf deutschen Autobahnen in Geschwindigkeitsfragen generell das Recht des Stärkeren gilt, gibt es hin und wieder rot umrandete Schilder, auf denen *100 km/h* oder *120 km/h* steht. Auch wenn ich selbst nicht sonderlich viel von naseweisen Mitfahrern halte, fühlte ich mich angesichts der Raserei doch genötigt, eine beiläufige Zwischenfrage zu stellen: „Sind die Angaben auf den Tafeln bloße Empfehlungen für euch, an die man sich ..."–

Weiter kam ich nicht, denn die zwei brachen gleichzeitig in schallendes Lachen aus.

„Jeder, der bisher nach München mitgefahren ist, hat uns diese Frage gestellt", erklärte Daniel die plötzliche ostdeutsche Erheiterung. „Keine Sorge – es sind alle lebend angekommen. Und die Radarfallen kennen wir inzwischen auch schon."

Ganz konnte das nicht stimmen, denn kaum hatte er den Satz zu Ende gesprochen, blitzte es von rechts. Ich unterließ einen beißenden Kommentar, weil das Schreiben der Obrigkeit ohnehin nicht an meine Adresse gehen würde, und befahl stattdessen meiner Muskulatur per Gedankenerlass, sich zu entspannen.

Nach so verheißungsvollem Beginn hoffte ich natürlich auf eine nicht minder anregende Sitznachbarin im Flugzeug: vielleicht eine Dame meines Alters, die ebenfalls nach Helsinki unterwegs war (sehr wahrscheinlich), wie ich zu einer Hochzeit eingeladen (weniger wahrscheinlich) und ebenso kaum erpicht darauf, die Zeit rundherum allein zu verbringen (höchst unwahrscheinlich)?

Meine fantasievollen Hirngespinste hätten einem *Julia*-Roman zur Ehre gereicht. In der Realität wurden sie nicht nur enttäuscht, sondern als Warnung vor weiteren Träumereien dieser Art mit der Höchststrafe belegt. Ich hatte keine Sitznachbarin (auch nicht die männliche Version), dafür saß in der Reihe vor mir ein junges Pärchen, dessen Hauptbeschäftigung während des zweistündigen Fluges darin bestand, das Innere von Ohren und Mund des jeweils anderen mit der Zunge zu erforschen. Herrliche Aussichten also, die meine Konzentration auf den Taschenbuchreisebericht einer einsamen Amerikanerin in Indien einigermaßen erschwerten. Nicht einmal der kalte Thunfisch-Nudelsalat kühlte die Leidenschaft der beiden ab. Ich starrte sie an, der leere Sitz starrte mich an, und meine Hochzeitsvorfreude sank auf das Niveau des Kaffees, welcher von den Stewardessen gereicht wurde. Die lächelten trotzdem dabei, und weil mir in zehntausend Metern Höhe keine andere Fluchtmöglichkeit blieb, tat ich es auch.

Die Freude, einen Freund nach mehr als acht Jahren wiederzusehen, wischte alles weg. Kari hatte sich nicht verändert, unsere Umarmung war so herzlich wie damals. Er hatte sich mehr Zeit genommen als ich hoffen durfte, und machte auf der Fahrt zu meiner Unterkunft einige Umwege kreuz und quer durch Helsinki.

„Hast du noch Lust auf einen Kaffee?", fragte er mich, als wir nicht weit vom Hauptbahnhof vor dem Hotel Artur hielten.

„Gerne." *Wenn er besser als im Flugzeug ist*, wollte ich noch dazusagen, behielt es aber für mich, ... −

... was sich als schrecklicher Fehler erwies. Die im Hotelrestaurant angebotene braune Flüssigkeit (so etwas als Kaffee zu bezeichnen, ist für jeden historischen und aktuellen Liebhaber dieses Heißgetränks eine Beleidigung, von den türkischen Belagerern vor den Toren Wiens bis hin zu mir als Stammgast des *Tomaselli*) war noch schlechter als jene im Flugzeug. Schon die Kopfbewegung des Angestellten, der nach Karis Frage zum großen Frühstückskaffeespender deutete, ließ sämtliche Geschmacksalarmglocken im Hirn losgehen, verstärkt durch die furchtbare Vermutung, der Inhalt des Riesenkessels wäre bereits gute acht Stunden dort gefangen gewesen.

Kari stellte das Häferl vor mich hin, ich nippte einmal – und nur Freundschaft und Höflichkeit verhinderten, dass ich dem ersten finnischen Kellner meines Lebens in aller Deutlichkeit die Anschaffung einer Qualitätskaffeemaschine ans Herz legte, so er nicht gleich auch der letzte seiner Art bleiben wollte.

„Dafür darfst du nichts bezahlen", raunte ich Kari zu, als es für ihn Zeit wurde, sich den letzten Vorbereitungen für den großen Tag zu widmen. Er tat es dennoch, was ich als bedauerliches Eingeständnis des finnischen Kaffeestandards wertete und mich zugleich glücklich sein ließ, zuhause große Kaffeehaustradition stets in erreichbarer Nähe zu wissen.

Den weiteren Nachmittag verbrachte ich mit einem Erkundungsspaziergang in der näheren Umgebung, was dieser Chronik die Beobachtung eines Auffahrunfalles direkt vor meiner Nase hinzufügt (der Schuldlose brüllte, der Schuldige schaute betroppetzt drein, wie überall auf der Welt, nur die Polizei war in rekordverdächtigen zehn Minuten vor Ort), sowie den Besuch in einem unvermutet netten Hinterhoflokal, dessen freundlichen Eindruck ich mir durch den Verzicht auf Kaffee bis zum Verlassen erhielt.

Am Abend traf ich Kari und erstmals seine Noch-Verlobte und Bald-Ehefrau Maria. Sie hatten einen Tisch im Restaurant *Lasipalatsi* (das heißt übersetzt *Glaspalast* und blieb das einzige finnische Wort, welches ich nach Österreich retten konnte) reserviert, um mit ihren drei ausländischen Gästen – außer mir kam ein norwegisches Ehepaar – abseits vom Hochzeitstrubel einen gemeinsamen Abend zu verbringen.

Maria entpuppte sich als sportliche kleine Frau mit roten Locken und einem herzlichen Lachen. Sie hatte Kari im städtischen Paddelklub kennen gelernt, wodurch der mir anfangs befremdlich scheinende Ort der Hochzeitsfeier – das Paddelklub-Klubhaus – eine logische Erklärung fand. Schon während der ersten Minuten unseres Gesprächs erkannte ich Liebe und Verständnis der beiden füreinander und freute mich über ihren Entschluss zur Lebensbindung.

Espen und Martine trafen erst ein, als wir den Hauptgang bereits beendet hatten. Der blonde Hüne – zum waschechten Wikinger fehlten nur ein Lederwams und ein Helm mit zwei Hörnern – berichtete von beinahe bizarren Reiseverzögerungen. Die Linienmaschine konnte in Oslo wegen eines Vogels im Triebwerk nicht starten, das Ersatzfluggerät musste wegen eines nicht näher erläuterten technischen Defekts (was der Passagier nicht weiß, macht ihn nicht heiß) in Stockholm zwischenlanden. Espen erzählte die Geschichte mit mehr Ironie, als man es landläufig einem Softwarespezialisten zutraut – ein weiterer Beweis dafür, dass man jeden Menschen erst kennen lernen muss, ehe man in kennt. Seine Schilderung gipfelte in immer wieder erhaltenen „SMS von SAS", die von den „unerwarteten Problemen" berichten und zugleich die Reisenden milde stimmen sollten. Endlich in Helsinki angekommen, stiegen die zwei auch noch in den falschen Flughafenbus. Was sie uns von dieser Teilstrecke auf Englisch erzählten, ist am besten mit „Das Gefährt ist bis in die Stadt bei jedem Milchhüttl stehen geblieben" zu verdeutlichen. Als der Fahrer am Busbahnhof ihre Frage nach dem Hotel auch noch mit „gleich um die Ecke" beantwortete, sich dort aber nur das Nationaltheater finden ließ, war die Konfusion perfekt. Erst ein freundlicher Passant klärte den Irrtum auf: „Um die Ecke schon, aber auf der anderen Seite."

„Just around the corner", „on the other side" und ähnliche Ortsbeschreibungen sollten an diesem Wochenende eine noch viel radikalere Bedeutung bekommen.

Am nächsten Morgen wählte ich vom reichhaltigen Buffet zuerst eine interessant aussehende Fischsulz. Zu deren Verzehr setzte ich mich an den Tisch eines traditionell gekleideten Mannes aus Sierra Leone, dessen breites Grinsen noch von entzückten Ausrufen angesichts eines im Fernsehen übertragenen Volleyballspiels übertroffen wurde, welche er bei jedem Schmetterball von sich gab: „Oh, look at that shot!"

Nach der hervorragenden Sulz holte ich Weißbrot und Marmelade, dazu bat ich eine freundliche Kellnerin – die mürrisch-männliche

Ausgabe von gestern war nirgends zu sehen – um Schwarzen Tee. Wie immer, wenn ich im Hotel frühstücke, sollte der Abschluss aus Joghurt mit Fruchtsalat bestehen; ich wähle stets Speisen, die ich einigermaßen gefahrlos durch einen Saal transportieren kann, ohne dabei schon durch leichte Rempler einen Notfalleinsatz des Reinigungspersonals und die damit verbundene, peinliche Aufmerksamkeit zu verursachen.

Ich hatte das erste der zwei Brötchen noch nicht zur Hälfte verzehrt, als die Fischsulz an einer dem Gaumen und Magen nachgelagerten Stelle eine unerwartete und zugleich unerfreuliche Geschäftigkeit entwickelte. Die Symptome darf ich als bekannt voraussetzen: Man verspürt einen plötzlichen Hitzestau im Unterleib, der Darm fühlt sich an, als würde er von einer unsichtbaren Faust zusammengedrückt, und das Gehirn sendet den Beinen per Express den Befehl, schnellstmöglich das einzig rettende Örtchen aufzusuchen. Obwohl meine Beine schon per se miese Befehlsempfänger sind und mit dem Begriff *schnell* nur rudimentär in Verbindung stehen, schaffte ich es rechtzeitig, wobei mir die günstige Lage gleich gegenüber der Rezeption half wie auch der Umstand, dass die Toilette gerade zur Benützung frei war. Millisekunden nach Entfernung aller den Weg versperrenden Textilschranken brach der Damm, alle unangenehmen Geräusche und Gerüche inklusive, die ich an dieser Stelle nicht weiter erläutern möchte.

Der Afrikaner hatte mein grußloses Verschwinden ebenso hingenommen wie mein unerwartetes Wieder-Auftauchen, verabschiedete sich aber bald, weil er mit dem komischen Typen, der erst wie ein Scheunendrescher aß und dann den Teller wegschob, kein Volleyballspiel zu Ende anschauen wollte. Ich aber betete, während ich an dem faden Sackerltee nippte, stumm zu dem guten Stern, unter welchem meine Reise bislang gestanden war, die eben ausgestandene, heftige Diarrhoe möge doch bitte eine einmalige Episode bleiben. Nicht auszudenken, sollte bei der Hochzeitszeremonie das romantische „Sie dürfen die Braut jetzt küssen" (ich erspare mir die Suche nach dem finnischen Originaltext) von unpassenden Geräuschen aus den hinteren Reihen gestört werden.

Nie wieder Fischsulz!

Noch zuhause hatte ich mich im Internet bezüglich Sightseeing-Touren schlau gemacht und eine 90-minütige Busrundfahrt ins Auge gefasst, die gut in meinen Zeitplan passte. Außer meinem Wunsch, Helsinki ein wenig kennen zu lernen, kam diesem Programmpunkt, was meinen hyperaktiven Darm betraf, nun entscheidende Bedeutung zu: Sollte ich es ohne Zwischenfall zurück ins Hotel schaffen, würde das Risiko in der Kirche, solange ich davor nichts aß, überschaubar bleiben. Andernfalls hatte ich genug Zeit, mir eine passende Ausrede für mein Fernbleiben zu überlegen.

Als bunt zusammengewürfelte Busbesatzung schaukelten wir durch diese ungemein grüne Stadt, sahen einen Hafen nach dem anderen – Helsinki hat an die hundert Kilometer Küstenlinie – und auch sonst alles, was in den Reiseführern als bedeutend aufgelistet ist. Als wir zum Sibelius-Monument kamen, drangen aus dem Lautsprecher Takte seiner berühmten Finlandia-Sinfonie, und voll Überschwang fragte der Busfahrer mich, der ich als einziger beschlossen hatte, das grässliche Bronzekunstwerk von fern zu bestaunen, was ich denn von dieser wundervollen Musik hielt. Ich bestätigte die Schönheit, fügte aber wahrheitsgemäß hinzu, dass ich wegen der Vielzahl großer österreichischer Komponisten es bisher verabsäumt hätte mich näher damit zu beschäftigen. Meine erläuternde Anmerkung, aus der Stadt Mozarts zu kommen, zauberte ein Lächeln auf das Gesicht des rundlichen Mannes, und er sang leise zu einer unbekannten Melodie: „Ich habe mein Herz in Salzburg verloren ..."

Jean Sibelius und seine *Finlandia* mögen nationale Heiligtümer sein, aber der ob seiner marktschreierischen Ausschlachtung bei manchen verhasste Wunderknabe aus meiner Heimat gehört der ganzen Welt.

Auch mein Darm musste andächtig der aufwühlenden musikalischen Dichtung gelauscht haben, denn er ließ bis zu meiner Rückkehr ins *Artur* keinen Mucks hören. Damit das so blieb, ging ich trotz leichten Hungers am Restaurant vorbei auf mein Zimmer, was einem Trainingsmarsch durch verschiedene Gänge und über zahlreiche Stufen gleichkam. Die mir zugedachte Nummer 643 lag vermutlich von allen Zimmern am weitesten vom Aufzug entfernt, doch hatte ich bei meiner Buchung den Wunsch nach kurzer Wegstrecke nicht deponiert und unterließ daher eine Beschwerde.

Ein wirkliches Problem stellte hingegen die Badezimmerausstattung dar, doch auch hier war ich nicht gänzlich schuldlos. In Erinnerung an einen viertägigen Trip nach Oslo im letzten Jahr, wo ich mir ein teures Hotel gegönnt und dies bei Erhalt der Kreditkartenabrechnung bitter bereut hatte, wollte ich diesmal sparsamer sein und wählte eine halb so teure Kategorie. Halb soviel Zeit als üblich hatten wohl auch die Installateure auf die Montage der Nasszelleneinrichtung verwendet, denn alles – ich betone: *alles!* – in diesem Kämmerchen wackelte. Vom Handtuchhalter bis zur Klomuschel, vom Waschbecken bis zum Wasserhahn waren sämtliche Einbauteile derart instabil, dass an ein Festhalten daran zwecks Enterung der Badewanne nicht zu denken war. Aus diesem Grund hatte ich schon gestern auf eine Dusche verzichtet, doch wenn ich schon meinen Verdauungstrakt zu einem Stillhalteabkommen hatte bewegen können, wollte ich bei der Hochzeit nicht durch alten Schweiß und sonstige Ausdünstungen von mir reden machen.

Bevor ich zur Ganzkörperpflege in einem mir fremden Badezimmer schreite, müssen stets zwei Fragen schlüssig beantwortet werden: 1. Wie komme ich unfallfrei in die Badewanne oder Duschkabine? Und 2. Wie komme ich wieder heraus, wenn möglich ohne mir das Genick dabei zu brechen? In Gedanken arbeite ich einen detaillierten Schritt-für-Schritt-Plan aus, der sich keinesfalls auf das schwammig-österreichische *Es wird schon irgendwie gehen* verlässt. Sonst könnte es leicht passieren, dass ich mit einem Fuß drinnen stehe, mit dem anderen heraußen und nicht mehr weiter weiß. Das an sich schon entwürdigende Rufen um Hilfe wäre mangels Handy in Reichweite unmöglich, und bis die Reinigungsfachfrau wieder an meine am hintersten Ende des letzten Flurs gelegene Tür klopft, würden geschätzte zwanzig Stunden vergehen. Das Badewasser wäre bis dahin kalt und die Hochzeit samt Festessen vorbei. (Einzig mein Darm hätte gegen diesen Lauf der Dinge nichts einzuwenden gehabt, doch ihm fehlte aufgrund rein vegetativer Funktion in meinem Körper jegliches Mitspracherecht.)

Festen Halt fand ich in dieser Kammer des Schreckens nur an der Badewanne selbst; das bedeutete viele und schmerzhafte Verrenkungen, gewürzt mit dem Zuschlag, dass auf dem Rückweg alles, woran ich mich klammern konnte, patschnass sein würde. Mein sehnlicher Wunsch nach frischem Wasser und Duschgel ließ mich aber all diese Gefahren als bewältigbar einschätzen, und ich ging ans Werk.

Dass ich die Operation *Bathroon Storm* schließlich zu einem glücklichen Ende brachte, mag meine geschätzte Leserschaft dem Umstand entnehmen, diesen Reisebericht in Händen und vor Augen zu haben.

Hingegen sind blaue Flecken, Abschürfungen und sonstige Kriegsverletzungen meine ganz persönlichen Trophäen.

Frisch geduscht und hochzeitsadäquat adjustiert – Lieblingssakko, -hemd, -krawatte und -hose – stand ich eine halbe Stunde vor dem auf der Einladung vermerkten Termin beim Hoteleingang und wartete auf mein Taxi, das für die Strecke, so hatte Kari mir versichert, höchstens 15 Minuten brauchen würde. *3 p.m.*, *church* und *celebration* waren die einigen Wörter, die ich als der Landessprache völlig unmächtiger Mitteleuropäer entziffern konnte. Finnisch ist so weit weg von den romanischen Sprachen, dass absolut nichts irgendwie vertraut klingt oder von einem bekannten Ursprung abgeleitet werden könnte. Während des Wartens versuchte ich, mir wenigstens den Namen der Kirche einzuprägen, aber auch dabei scheiterte ich kläglich.

Folgerichtig verzichtete ich darauf, dem freundlichen älteren Herren den Zielort unserer Reise vorzulesen, hielt ihm stattdessen den Faltkarton unter die Nase und fragte in überdeutlichem Englisch, ob er wisse, wo sich diese Kirche befinde.

„Aber sicher!", antwortete er im Brustton der Überzeugung, als würde er jeden Tag zehnmal Gäste vom Hotel Artur dorthin bringen. Angesichts solcher Selbstsicherheit entspannte ich mich auf dem Beifahrersitz und schaute mir wieder ein neues Stück Helsinki an.

Zehn Minuten vor drei hielt das Taxi vor einer imposanten Kirche aus roten Backsteinziegeln. Schön gekleidete Menschen warteten vor dem Eingang, weitere Taxis brachten weitere Gäste – eine Hochzeit, kein Zweifel: Der Mann hatte seine Ortskenntnis unter Beweis gestellt. Ich rundete das Fahrtentgelt großzügig auf, bedankte mich und stieg aus. Auf meinem Weg über den Vorplatz hielt ich nach Espen und Martine Ausschau, aber vielleicht waren sie noch nicht da oder schon hineingegangen. Dass ich sonst niemanden kannte und auch kaum beachtet wurde, störte mich nicht; erst persönliche Vorstellungsrunden in Karis Beisein würden Abhilfe schaffen.

Ich trat in den angenehm kühlen Innenraum der Kirche, wo mich eine junge Dame in einem knallroten Kleid lächelnd begrüßte und mir einen Handzettel gab. Darauf standen, ebenfalls in rot, zwei Namen, die mit einem großen Herz verbunden waren:

Anna   *Markus*

Nach der Sekunde, die das Gehirn für den Weg vom Lesen zum Verstehen brauchte, wurde mir brennheiß und ich erstarrte, wie ich es mit meinem besten Muskelkrampf nicht zustande brächte. Das Adrenalin wütete wie eine Springflut in meinem Körper, sorgte aber wenigstens dafür, dass ich meine Stimme schneller wieder fand als meine Beherrschung.

„Oh, das ist falsch!", sagte ich völlig entgeistert und starrte dabei weiter auf den Zettel.

„Was ist falsch?" Bezüglich der Sättigung an Verwirrtheit im Umkreis von zwei Metern, hatten wir es längst auf hundert Prozent geschafft.

„Ich bin falsch!"

Mein Schockzustand ließ die Erklärung, dass ich auf dem Papier wohl ein Herz, links und rechts davon jedoch gänzlich andere Namen erwartet hatte, nicht mehr zu. Als nicht minder starkes Nachbeben traf mich die Erkenntnis, dass ich nicht nur in der falschen Kirche, sondern nun auch schon unglaublich spät dran war.

Im Bestreben, meinen Fauxpas zu korrigieren, vergaß ich leider darauf, dieses treffliche Beweisstück vom Irrweg des Herzens (heißt so nicht ein Rosamunde-Pilcher-Roman?) zu sichern. Die Dame nahm mir den Handzettel weg und würdigte mich keines Blickes mehr. Während ich so schnell wie möglich aus der Kirche hastete, fand sich nur ein Gedanke in meinem Kopf: *Das glaubt mir kein Mensch!*

Mein kleines Glück im Unglück waren die noch immer zahlreichen Taxis vor der Kirche, die wohl mehrheitlich ihre Fahrgäste zur *richtigen* Hochzeit chauffiert hatten. Ich sandte ein Stoßgebet zum Schutzpatron des Personenbeförderungsgewerbes, er möge mir diesmal statt des schändlichen Betrügers, der sich auf hinterhältige Weise hohes Trinkgeld erschlichen hatte, einen kompetenten Vertreter seiner Zunft schicken.

Das Verkaufsgespräch glich dem vor meinem Hotel geführten bis aufs Haar, mit dem feinen Unterschied, dass ich meine Frage noch überdeutlicher formulierte und den Fahrer dabei noch schärfer in die Augen sah.

„Wissen Sie, wo diese Kirche ist?"

Der Mann nahm mit einer Bedächtigkeit, die mich beinahe in den Wahnsinn trieb, seine Fernbrille ab und studierte seelenruhig die Einladung. Nach für mich endlos langen Sekunden nickte er.

„In dieser Straße, gleich auf der anderen Seite des Hügels."

Just on the other side – da war sie wieder, die Phrase des Wochenendes.

„Können Sie mich hinbringen? Ihr Kollege hat das nicht geschafft."

„Er hat Sie zur falschen Kirche gefahren?" Der Mann grinste. „Das ist lustig."

Ja, was für ein unglaublicher Brüller – vielleicht würde ich später auch darüber lachen können. Aber nicht jetzt.

„Bitte, es eilt!"

Die Uhr auf der schönen, großen, roten und leider falschen Kirche schlug zur vollen Stunde, und ich sah mich schon den peinlichsten Auftritt meines Lebens absolvieren. Jetzt würde ich nicht bloß der komische Ausländer mit der weitesten Anreise zur Hochzeit sein, sondern auch noch der Einzige, der zu spät kam. Die spontane Idee, mein Eintreten mit einem betont lockeren *Seas, griaß eich!* zu überspielen, verwarf ich wieder, da den meisten finnischen Anwesenden der oststeirische Dialekt wenig bekannt sein dürfte. Hoffentlich gab es gleich neben der Tür eine hinterste Bank, in der ich mich verkriechen konnte.

„Es ist nicht weit", beruhigte mich der Taxler. „Wir müssen nur einen kleinen Umweg machen, wegen der Einbahnen."

Natürlich ... ganz Helsinki hatte sich gegen mich verschworen, inklusive der Straßenplaner. Ich schloss kurz die Augen, um endlich aus diesem äußerst realen Albtraum aufzuwachen.

Das Taxi hielt vor einer Art Reihenhaus, doch bevor sich meine Zweifel in wüste Unfähigkeitsbeschimpfungen gegen ihn, seinen Kollegen und alle finnischen Taxifahrer ganz allgemein verwandelten, offenbarte sich mir die Rechtschaffenheit des Mannes. Vor dem Reihenhauseingang standen Espen und Martine und hielten angestrengt nach jemandem Ausschau. Für ein Trinkgeld hatte ich keine Münzen mehr, darum bedankte ich mich umso ausgiebiger.

„Wo warst du so lange?", begrüßte mich Espen freundlicher, als ich befürchtet hatte. „Wir warten nur noch auf dich!"

Ich versprach, alles später zu erzählen, wohl wissend, dass ihre Reaktionen zwischen Unglauben und Belustigung schwanken würden.

Von der Trauung selbst, die in einem evangelischen Kirchenraum im ersten Stock des Reihenhauses von einem jungen Priester vorgenommen wurde, kann ich nicht viel berichten, weil ich kein einziges Wort verstand. Die beiden Norweger sprechen ebensowenig finnisch, waren also keine Hilfe. Wir konnten uns nur auf die bekannten Symbole verlassen, um zu erkennen, an welcher Stelle sich die Zeremonie gerade befand: Übergabe der Braut durch den Brautvater, Eheversprechen (das vermutlich dem deutschen „Ja, ich will" nicht unähnlich sein dürfte), Ringetausch, Kuss. Bemerkenswert war die Schlichtheit der Zeremonie, welche für mich in krassem Gegensatz zur römisch-katholischen Variante einer Hochzeit stand: Ein Lied, ein Gebet – es war wohl das *Vater unser* –, ansonsten sprach nur der Geistliche. Nach gerade einer halben Stunde war die ganze Sache erledigt, und wir nahmen draußen im Spalier Aufstellung, um das Jungehepaar ausgiebig mit Reis zu bewerfen. In der wartenden Limousine lag ein *Just married*-Polster auf der hinteren Ablage, auch die klappernden Bierdosen fehlten nicht.

War die Kirche als solche von außen nicht zu erkennen gewesen, so hätte man ebensowenig im Klubhaus des Paddelvereins von Helsinki die Hochzeitstafel für über achtzig Gäste vermutet. Wie bereits erwähnt, hatten Kari und Maria diesen Ort als *Event Location* (einer der hässlichsten, aber heute so modernen neudeutschen Begriffe; ich schreibe ihn auch nur hin, um das anzubringen) gewählt, weil sie beide aktiv im Verein tätig sind und sich auch bei diesem Sport kennen gelernt hatten. In dem rustikalen Holzhaus musste ich ausgiebig nach meinem Platz suchen, ehe mich eine freundliche Angestellte vom *Catering Service* (detto, aber nicht ganz so hässlich) an eine Tafel neben der Eingangstür verwies, wo mir ein Sitzplan leicht verständlich den Weg wies. Die österreichische Mentalität, umständlich zu handeln und erst nach erfolglosem Scheitern zu denken, hatte mich bis nach Finnland verfolgt.

Mein Platz fand sich zwischen zwei finnischen Ehepaaren, deren männliche Hälften gemeinsam mit Kari bei einer großen österreichischen Spedition gearbeitet hatten. Diesen zweijährigen Zwischenstopp hatte mein Freund nach unserer gemeinsamen Schulzeit eingelegt, um, wie er scherzhaft meinte, vor seiner Heimkehr noch länger in Österreich Schi fahren zu können.

Besonders Illka und seine Frau Perjo mochte ich auf Anhieb. Illka war Berichterstatter für Ausdauersportarten und schrieb für verschiedene Zeitungen. Sein Deutsch war so ausgezeichnet, dass er in manchen Gegenden Salzburgs nicht mehr als Ausländer durchgegangen wäre. Rasch entspann sich eine angeregte Unterhaltung über Sport, finnische Gewohnheiten und sein Lieblingsreiseziel Österreich. Für Perjo und die übrigen Gäste schaltete ich auf Englisch um, was, wie überall in den skandinavischen Ländern, hervorragend funktionierte.

Die emotionalen Reden der Eltern des Brautpaares waren für mich leichter zu ertragen als für manch andere, aber ich hatte aufgrund meiner Sprachunkenntnis auch die quasi offizielle Erlaubnis, nicht zuhören zu müssen. Eine mütterliche Freundin der Braut hätte ich dennoch beinahe unterbrochen, denn sie schluchzte mehr als sie redete, so groß war ihre Ergriffenheit über die Verbindung der beiden jungen Menschen (was ich auch ohne Illkas Übersetzungshilfe verstanden hätte). Und ihr nach zwei Stunden leicht illuminierter Gatte hätte besser darauf verzichtet, seinen schlechten Witz ein zweites Mal – „nur für unsere ausländischen Gäste!" – auf Englisch zu erzählen.

Das Buffet war reichlich, doch aufgrund meiner negativen Erfahrung vom Frühstück begnügte ich mich mit ein bisschen Hühnerfleisch, Reis, Kartoffeln und Gemüse. Am Sekt nippte ich nur zum Anstoßen, und nach einem halben Schluck Weißwein blieb Wasser die Wahl für den restlichen Abend, denn auch das Dosenbier der Marke *Sinebrychoff*, dessen Name wohl von einigen betrunkenen Finnen der Einfachheit halber auf *Koff* abgekürzt worden war – heute gilt diese Bezeichnung auch offiziell –, schien mir wenig Vertrauen erweckend. Im gängigsten Witz zur Findung dieses Kürzels heißt es, *Koff* sei die letzte Silbe, die ein Finne von sich gibt, ehe er den Inhalt der roten Dose wieder von sich gibt. Die Hochzeitstorte dagegen war eine ausgezeichnete Topfenschnitte mit Fruchthaube, von der ich mir nur mit Widerwillen kein zweites Stück holte.

Nach den Reden übernahm eine vierköpfige Band das Kommando im Saal. Das trieb – nach meiner unbedeutenden Meinung – die Stimmung nicht gerade in rauschende Höhen, machte die Gespräche aber umso schwieriger. Der Sänger mittleren Alters quälte sich und uns beinahe durch das gesamte American Songbook, von *Love Me Tender* bis hin zu *500 Miles Away From Home.*

„Wenn er jetzt noch *Take Me Home Country Roads* bringt, kommen mir wirklich die Tränen", raunte ich Espen zu, der mit einem wissenden Lächeln entgegnete: „Überall auf der Welt finden die Leute diese Hochzeitsmusiker schrecklich, und doch gehören sie irgendwie dazu."

Wir behalfen uns damit, die Köpfe ein bisschen näher zusammenzustecken, und gingen dann eine Weile nach draußen, wo das Meer mit all seiner Bedachtsamkeit ans Ufer schlug. So legte es Zeugnis ab von einem wundervollen Tag und verkündete gleichzeitig sein Ende.

Die Verabschiedung um Mitternacht war noch herzlicher als Karis Begrüßung am Flughafen, nur dass ich ungleich mehr Hände zu schütteln, Hälse zu umarmen, Wangen zu küssen hatte. Die meisten dieser Menschen würde ich niemals wiedersehen, und gerade deshalb waren diese Momente wertvoll und hinterließen leuchtende Spuren auf den Seiten meiner Erinnerung. Ein wenig bedauerte ich es, nicht ausgiebiger mit Karis Familie und Marias Freunden gesprochen zu haben, doch das Treiben zwischen verschiedenen Gesprächsinseln gehört zum Wesen großer Feste. Heiterkeit glänzte aus so vielen Augen, Visitenkarten wurden ausgetauscht, Kinder schliefen in den Armen ihrer Eltern. Und nicht einmal der grantige Taxifahrer, welcher uns anfangs wegen einer verwechselten Reservierungsnummer nicht mitnehmen wollte, konnte meine tiefe Freude trüben, ein kleiner Teil der Hochzeit von Kari und Maria gewesen zu sein.

Nach einer halbwegs ruhigen Nacht – Ohropax und einem nur kurzen Durchfallnotfall sei Dank – blieb am nächsten Vormittag nicht mehr Zeit als zu packen, zu frühstücken und zum Flughafen zu fahren. Als Beweis, dass der finnische Wettergott auch anders konnte und nur wegen der Festivität die Wolken weggedrückt hatte, schüttete es wie aus Kübeln. Ausgesprochen sonnig und somit das exakte Gegenstück zu gestern war jedoch das Gemüt des Taxifahrers, welcher mich abholte. Gleich nach der Preisgabe meines Heimatlandes brach der Mann in wahre Begeisterungsstürme über Österreich aus.

„Ich bin jedes Jahr dort, besonders oft in Burgenland, an dem großen See. Wie heißt der?" Sein Englisch floss so lupenrein wie das aller Finnen, denen ich begegnet war.

„Neusiedlersee."

„Ganz genau. Aus Illmitz importiere ich seit zwei Jahren österreichischen Wein. Noch nicht das große Geschäft und wegen der strengen Zollbestimmungen schwierig, aber es entwickelt sich."

Ich gratulierte ihm ausgiebig zu seiner hervorragenden Idee und wünschte ihm auch noch viel Erfolg, weil mich das unerwartete Thema an den halsabschneiderischen Pächter des *Lasipalatsi* denken ließ, welcher am Freitag Abend für ein Achtel australischen Chardonnay schamlose 8,50 Euro verlangt hatte – der erste und hoffentlich einzige Anlass in meinem Leben, zu dem der Wein teurer war als die Suppe.

Und weil das Leben alles spiegelt, folgte auf den herzerfrischenden Taxilenker eine furchtbar mies gelaunte Verkäuferin im *Airport Shop* (sorry, aber ich bin wohl schon infiziert), deren „Have a nice day", als ich einen Donut und eine Flasche Orangensaft bezahlte, viel eher nach „Fuck off!" klang. Die junge Schülerin, die in ihren Ferien dort die Tische abräumte, war hingegen so aufmerksam und exakt in ihrem Tun, dass ich sie darauf ansprach und ihr sehr gerne jenes Trinkgeld überließ, das ihre Kollegin mit einem einzigen und wörtlichen Augenblick verwirkt hatte.

Der Heimflug wollte mich noch auf eine letzte Probe stellen: Vor mir saß wieder ein junges Pärchen, dessen Verliebtheit nur von der abgrundtief hässlichen Dior-Brille des weiblichen Anteils übertroffen wurde; neben mir eine übergewichtige Frau, die mit selbstverachtender Disziplin das gereichte Mittagessen verschmähte; und dahinter ein jugendlicher Draufgänger, der einen hormonüberschüssigen Spruch nach dem anderen absonderte, um seine drei Begleiterinnen zu beeindrucken.

Ich aber sah Helsinki unter mir kleiner werden und fühlte nichts als reine Dankbarkeit. Für meine Freunde in ganz Europa. Für solch wunderbare Erlebnisse mit ihnen. Ich war und bin dankbar für dieses Leben.

P.S.: Die Erläuterung des Titels möchte ich meiner Leserschaft keinesfalls schuldig bleiben: *Die Hochzeits-Crasher* ist eine amerikanische Komödie, in der sich zwei Junggesellen auf fremden Hochzeiten einschleichen, um gutes Essen, Drinks und One-Night-Stands abzustauben.

Für solche Erfolgserlebnisse war ich leider nicht lange genug bei Anna&Markus.

Horizontal gereimt

Für den Regionalteil der *Salzburger Nachrichten* vom 7. Februar 2009 erhielt ein Redakteur die undankbare Aufgabe, einen Artikel über Strategien des Horizontalen Gewerbes gegen die Wirtschaftskrise zu schreiben. Er listete brav Besucherzahlen, Geschäftsstellendichte und neueste Ideen in der Branche auf, verspürte jedoch beim Durchlesen seines Textes den Drang nach einem fetzigen Slogan, um die Geschichte – dem Thema entsprechend – ein wenig aufzupeppen. Nach einer Weile des Grübelns hörten ihn seine Kollegen rufen: „*Der* Spruch ist super! Und er reimt sich auch noch!" Das Ergebnis dieses anspruchsvollen künstlerischen Ergusses kann auf Seite 5, Spalte 2, Absatz 1 nachgelesen werden: *Den Trend zum Event gibt es auch im Etablissement.*

Wer nun meint, die *SN* wären nicht in der Lage, diese Megapointe zu toppen, erfährt gleich gegenüber entschiedenen Widerspruch. Auf Seite 4 ist links unten folgende Kleinanzeige geschaltet: *Service des Ärztezentrums – Kostenloser Matratzen-Test.* Bei einem solchen Angebot verzichtet Mann gerne auf jedes Event im Etablissement.

Nicht nur Sport ist anstrengend

Satiriker wider Willen

Hiermit gestehe ich: Ich bin kein freiwilliger Satiriker. Das Leben in Salzburg hat mich dazu gemacht. Die Erlebnisse eines sonntäglichen Vormittags, den ich ganz harmlos bei Messe und Melange verbringen will, liefern für diese These wieder einmal den unumstößlichen Beweis.

In der Alpenstraße folge ich stadteinwärts einem Mercedes Cabrio. Von hinten kann ich nur zwei trendige Kappen im Partnerlook erkennen sowie ein weißes Bändchen an der Antennenspitze, welches die beiden Insassen als Gäste oder Akteure einer kürzlich stattgefundenen Hochzeit ausweist. Weil ich immer vom Besten ausgehe, freue ich mich über das junge Glück und wechsle auf die Nebenspur, um von dort einen Blick auf die zwei zu werfen. Alles erwarte ich, nur nicht die abenteuerlustigen Gesichter eines Seniorenpaares, deren beider dichtes weißes Haar unter den Kappen hervorlugt. Selten wandelt sich die sprichwörtliche und meist negative Abfolge *Hinten Lyceum, vorne Museum* für den Betrachter so deutlich zur positiven Überraschung.

In der Franziskanerkirche versieht eine neue Lektorin ihren Dienst. Beim Lesen der Bibelstelle wackelt sie immer wieder ruckartig mit dem Kopf, was neben der alttestamentarischen wohl noch eine zweite Botschaft unter die Gläubigen bringen soll: *Seht her, ich war für dieses Engagement extra beim Friseur!* Ich kann mir ein Grinsen nicht verkneifen und erwarte beinahe statt dem üblichen Abschluss „Dies waren die Worte der Lesung" etwas wie *Diese Dauerwelle war in Aktion*.

Auf der Veranda des Café Tomaselli schließlich, wo ich mit viel Glück einen freien Tisch ergattere, sitzt ein junger Pfarrer und unterhält sich angeregt mit seinen Begleitern. Der Mann ist dermaßen attraktiv, als nütze er geschwind eine Drehpause der Neufassung der *Dornenvögel* (mit ihm in der Titelrolle – das miese Look-alike des jungen Richard Chamberlain hatte beim Casting nichts zu melden) für eine Melange.

Viele ziehen los, um die Welt zu sehen – und die Welt zieht unablässig los, um Salzburg zu sehen. Mein Lebensmittelpunkt in dieser Stadt ist ein Privileg, für das ich dankbar bin.

Besonders als Satiriker.

Mein bester Freund

Neulich wurde Österreich nicht Fußballweltmeister und ich nicht Millionär. Was diese beiden im weiten Meer der Bedeutung doch recht entfernt voneinander schwimmenden Aussageinselchen miteinander zu tun haben, von der Verneinung und ihrem deprimierend hohen Wahrheitsgehalt einmal abgesehen? Sie besitzen einen kleinsten gemeinsamen Nenner, und der wiederum ist Anlass für diese Geschichte.

Seit ich meinen besten Freund Martin kenne, verbinden uns gemeinsame Interessen: Fußball (Martin als aktiver Teilnehmer im Streben nach Körperertüchtigung, ich eher als passiver Konsument im Streben nach Unterhaltung), Kabarett (er als aktiver Darsteller, ich als sein passiver, aber umso kritischerer Kritiker) und Frauen (auch hier blieben wir unseren schon beschriebenen Einstellungen treu). Am sichtbarsten schlug sich dieser Lebenswandel im letzten Punkt nieder: Martin ist verheiratet und seit kurzem stolzer Vater einer Tochter, ich führe einen Singlehaushalt. Die Absurditäten meiner Versuche, das zu ändern, steigen im direkt proportionalen Verhältnis zum Unterhaltungswert der Satiren, welche ich nach obligater Korbüberreichung darüber schreibe – aber das wollte ich gar nicht erzählen.

Unsere typisch männliche Fußballbegeisterung erlebte vor Jahren einen ersten Höhepunkt, als wir der Sportart heimische Zunftvertreter zu ihrer bislang letzten Weltmeisterschaft nach Frankreich begleiteten. Keiner von uns war der Landessprache mächtig, ein Zimmer bekamen wir nur mit viel Dusel und durch die Mithilfe nachsichtiger Schutzengel, die verhinderten, dass wir uns zweimal in einem überfüllten Nachtzug durch halb Europa quälen mussten. Knapp vor Reiseantritt wäre alles beinahe an der Sturheit eines Salzburger Postbeamten gescheitert, der sich partout weigerte, die an jenem Tag bereits weggesperrten Einschreiben noch einmal aus dem Tresor zu holen. Der damals geführte Dialog kann durchaus als exemplarisch gelten, daher erlaube ich mir die Reduzierung der beiden Kontrahenten auf P wie Postler und K wie Kunde.

P: „Der Kollege für die Einschreiber ist nur bis 17 Uhr da. Kommen Sie morgen wieder."

K: „Hier steht aber, ich kann Einschreiben bis 19:30 Uhr abholen." (Der postgelbe Schein wird unter heftigem Nicken und strengem Fingerzeig auf die exakte Stelle vorgewiesen.)

P: „Das ändert nichts an der Tatsache, dass der Kollege heute schon weg ist." (P hält die Diskussion für beendet und wendet sich ab; dementsprechend hebt K seine Stimme, um Gehör zu finden.)

K: „Aber morgen ist es zu spät, verstehen Sie? Im Brief sind Eintrittskarten!"

P, mit selbstgefällig hochgezogener Augenbraue: „Für heute Abend?"

K: „Nein, für morgen Abend." (Der berechtigte Hinweis, P habe sich nur um die korrekte Weiterleitung von Sendungen zu kümmern, nicht aber um deren Inhalt, bleibt gedanklich.)

P: „Dann kommen Sie morgen wieder, um 8 Uhr ist der Kollege da."

K, der vor seinem geistigen Auge bereits das Flugzeug ohne ihn starten sieht sowie zwei leere Plätze im Stadion, mit dem Mut der Verzweiflung: „Sie wissen, dass gerade Fußball-WM ist?"

P, verdutzt über den abrupten Themenwechsel: „Schon, ja."

K: „Und dass Österreich morgen in Toulouse gegen Kamerun spielt?"

P: „Auch."

K: „Also wollen Sie bestimmt nicht schuld sein, wenn ich die sündteuren Sitzplatzkarten morgen um 8 Uhr vor dem Schalter für Einschreiben in aller Öffentlichkeit zerreißen muss!"

P: „Sie fahren nach Frankreich?" Das Erstaunen wächst sprunghaft. „In Echt?"

K: „Ich fliege, um 6 Uhr Früh." Erleichterung macht sich im Fußballherzen breit. „In Echt."

Fünf Minuten später war ich im Besitz der Karten und um einen Felsbrocken leichter.

Während der Reise geschahen sämtliche Verrücktheiten, die man im Alltagsleben weit von sich weisen würde: Beim späten Ausgleichstor durch Toni Polster wurden wildfremde Menschen stürmisch umarmt, im Restaurant Gerichte nach ihrem sprachlichen Wohlklang gewählt, der Rückflug ohne Rücksicht auf den finanziellen Verlust einen Tag früher auf einer anderen Airline angetreten. Das Spiel selbst hat längst alle Bedeutung verloren, aber ich erinnere mich noch lebhaft an den Riesenspaß dieser zwei Tage.

Die kleine Anekdote mag den immer heftigeren Ausschlag unserer beider Vorfreudepegel verdeutlichen, je näher die Fußball-WM in Deutschland rückte. Von einer Fanreise ins Nachbarland mussten wir leider absehen, denn Martins bessere Hälfte Martina war guter Hoffnung – sowohl dass aus ihrem Ehegatten nach einmonatiger Besessenheit wieder ein normaler Mensch werden würde, als auch in eigentlicher Bedeutung der Phrase. Außerdem hatten sich die Veranstalter ein seltsames Lotteriesystem zur Eintrittskartenverteilung einfallen lassen. Dessen bizarre Auswirkung erlebte mein Nachbar Roman hautnah, der sich (mit seinem besten Freund, selbstverständlich!) um Karten für das Spiel Australien – Brasilien beworben hatte. Tatsächlich fanden sich auf dem Rasen vor ihren Augen die Teams von Saudi Arabien und Tunesien zum, wie befürchtet, wenig weltmeisterlichen Wettstreit ein.

Unserem festen Vorsatz, den wichtigsten Monat des heurigen Jahres entsprechend zu zelebrieren, tat dies in keinster Weise Abbruch. Um nicht nur passiv via Fernsehen zu konsumieren, betätigten wir uns noch vor dem ersten Anpfiff sportlich und tippten für sämtliche 48 Vorrundenspiele und die folgenden K.o.-Runden das exakte Ergebnis. Die beiden Turnierabschnitte wurden getrennt voneinander gewertet und ergaben (bei Martin und mir konnte nichts anderes erwartet werden) ein freundschaftlich-gerechtes Unentschieden.

Der wahre Freizeitstress begann jedoch nach dem ersten Spiel. Ohne es vereinbart zu haben, ließen wir auf jeden Schlusspfiff eine so ausführliche Telefonanalyse folgen, dass Schneckerl Prohaska sich schon vor der WM von seinem Schnauzer verabschiedet hätte – aus dem schieren Wissen, derart geistreiche Kommentare wie die unseren niemals absondern zu können. Leider hat er jedoch nie von unseren konkurrenzlos genialen Spielbesprechungen erfahren und steht erst jetzt ohne Bart da.

Und es blieb nicht bei dieser einen Marotte. Irgendwann ging Martin dazu über, sich nicht mehr spießbürgerlich mit Nachnamen am Telefon zu melden oder das legere „Seas!" hören zu lassen. Von dem Moment an, als er mir in perfekter Filmdialog-Imitation „Sind Sie vom

CIA? – Nein, ich bin der Koch!" entgegenraunte, versuchten wir einander gegenseitig mit Kino-, Sport- oder sonstigen Zitaten zu übertreffen. Da duellierte sich Andi Möller („Mailand oder Madrid – Hauptsache, Italien!") mit *The Big Lebowski* („Ich sehe, ihr habt euch ins Halbfinale gebowled ..."), einmal meldete ich mich als Pietro Pizzi, dessen Zustellwagen von deutschen Fans verfolgt wird. Das absolute Highlight setzte Martin, als er mich am Montag nach dem Finale anrief und auf meine erstaunte Frage nach dem Grund dafür voller Ernst wissen wollte, wie ich das Spiel fand.

„Welches Spiel meinst du???" Ich war völlig verwirrt.

Plötzlich begann er zu lachen. „Ich habe jetzt so lange jeden Abend deine Nummer gewählt, da kommt es auf einmal öfter auch nicht mehr an ..."

Für das letzte Vorrundenwochenende schafften wir es, einen gemeinsamen Fußballabend in Martins und Martinas Wohnung zu vereinbaren. Basierend auf der gewagten Annahme, mittags pünktlich aus den Büro wegzukommen, war ich optimistisch, bereits zum Spiel unserer beider Lieblingsmannschaft Italien in Graz zu sein.

Diese Zuversicht erwies sich jedoch als trügerisch, denn offenbar war ich nicht der einzige Fan unterwegs zu einer privaten WM-Party. Lange Kolonnen quälten sich durchs Ennstal, mehr PKW als an normalen Freitagen, die Anzahl der Lastwagen war ohnehin beträchtlich. Oder bildete ich mir mein langsames Vorankommen nur ein? Wie ein Junkie, der es nicht erwarten kann, seinen Dealer von weitem zu sehen? Nun, die Vorfreude, endlich live über ein Spiel lachen, diskutieren und streiten zu können, birgt schon einiges an Suchtpotential.

Weil ich befürchtete, die Polizei würde meiner Argumentation, keine Minute der *Squadra Azzura* versäumen zu dürfen, wenig abgewinnen, musste ich meinen Drang auf der Autobahn ein wenig zügeln und schaffte es knapp nicht. Als ich mit der Tasche über der Schulter keuchend die Altbauwohnung im zweiten Stock betrat, versorgte mich Martin noch vor der Begrüßung mit der wichtigsten Neuigkeit: „Nichts passiert, es steht 0:0."

Wir machten es uns vor dem Fernseher gemütlich und versanken in die typische Männer-schauen-jetzt-Fußball-Leichenstarre, die nicht unmittelbar mit dem Gegenstand unserer Begeisterung zusammenhängende Anreden von außerhalb und sonstige Vorgänge kaum noch wahrnimmt. Martina kam einmal herein und sagte etwas, doch als ihr Mann endlich den Kopf wandte, schaute er sie an wie eine Außerirdische, der er noch nie zuvor begegnet war. Eine kleine Ewigkeit später hatte sein Gehirn die Information verarbeitet, aus dem Jenseits der nicht am Fußball Interessierten (dürfen solche Individuen während der Weltmeisterschaft einen mit TV-Gerät ausgestatteten Raum überhaupt betreten?) angesprochen worden zu sein. Zwischen den beiden entspann sich daraufhin ein wunderbar kommunikativer Kurzdialog.

„Is' was, Schatzi?"

„Vergiss es!"

„Du, Italien führt bereits 1:0!" Voller Begeisterung – übersetzt heißt das: *Auch dich werde ich einst missionieren, Ungläubige!*

„Ja, schon recht, Martin. Ganz toll." In Frauenmagazinen steht an dieser Stelle wohl: *Sie liebt ihn, aber das Ganze ist ihr sowas von wurscht, er macht sich keine Vorstellung.* Da jedoch das männliche Denken während eines Spiels auf Leerlauf schaltet und die Fähigkeit, zwischen den Worten zu hören, nicht benötigt wird, nahm Martin diesen Satz zum Anlass, das Thema auf die unterwegs befindliche Generation auszuweiten. Als Martina längst kopfschüttelnd das Weite gesucht hatte, erklärte er mir mit leuchtenden Augen: „Übrigens haben wir uns auf einen Namen fürs Töchterlein geeinigt. Weißt du, wie sie heißen wird?"

„Wie denn?", fragte ich gehorsam.

„Marie Ronalda y Jesus de la Cruz, kurz *Zica!*"

Die ebenso trockene wie finale Replik aus der Küche brauchte nur Sekundenbruchteile: „Das wird sich nach der WM noch ändern!"

Gegen Ende des Abends begehrte Martina zu wissen, für welche Uhrzeit sie die Kaffeemaschine programmieren solle, und entschwand alsdann mit dem kategorischen Hinweis, sie verbitte sich jede weitere Störung, aus dem männlichen, runden, ledernen Paralleluniversum.

Martin und ich jubelten mit den Italienern, litten mit den Tschechen, freuten uns mit Ghana, verhöhnten die USA. Danach riefen wir die Pizza-WM-Hotline zu Hilfe, denn es wartete noch eine weitere Doppelbegegnung auf unseren energiegeladenen Enthusiasmus. Brasilien schoss gegen Japan zwar brav ein paar Tore, agierte dabei aber ähnlich lustlos und träge wie wir Zuschauer nach *Frutti di Mare* und *Diavolo*, gefolgt von *Suchard Finessa Erdbeer Rahm* und *Doppelnougat*. Erst Kroaten und Australier erweckten uns wieder zum Leben, mit einem flotten

Spiel und einer ungewollt komischen Einlage des englischen Referees als Sahnehäubchen auf einem rundum gelungenen Abend: Graham Poll zeigte dem gleichen Spieler doch tatsächlich drei gelbe Karten, ehe er den roten Karton folgen ließ. Am nächsten Tag erklärte der Pfeifenmann seinen Rücktritt vom internationalen Geschäft und vereinbarte danach eine erste Alzheimeruntersuchung beim Spezialisten.

Freunde, Fußball, futtern und fachsimpeln – Männerherz, was willst du mehr? Nach jeder gelungenen Aktion auf dem Spielfeld, nach jedem treffenden Kommentar wurde abgeklatscht. Da soll noch eine behaupten, das starke Geschlecht könne keine emotionalen Bindungen eingehen. Oder machen das zwei Mädels, wenn sie gemeinsam *Sex and the City* schauen?

Zehn Wochen nach der WM ereilte mich während eines Besuches im Salzburger *Haus der Natur* die Nachricht, ich sei als Teilnehmer für die *Millionenshow* ausgewählt worden. Meine erste gedankliche Reaktion darauf erschien mir selbst paradox: *Hoffentlich erfährt der Assinger nie, in wie vielen Satiren ich schon über die Sendung gelästert habe ...* Diese grundlosen Zweifel verflüchtigten sich jedoch ebenso schnell wie mein Interesse an den ausgestellten Dinosauriern und machten der hell begeisterten Genugtuung Platz, dass mein über Jahre fast täglich praktiziertes Ausfüllen des Bewerbungsformulars im Internet nicht umsonst gewesen war.

Ich ließ die notwendige Befragung über mich ergehen – von „Sind Sie vorbestraft?" bis „Würden Sie sich als schlechten Verlierer bezeichnen?" war so ziemlich alles dabei –, erzählte brav ein besonders bewegendes Lebenserlebnis und lauschte organisatorischen Hinweisen. Nachdem der immense Informationshunger der freundlichen Dame vom ORF endlich gestillt war, suchte ich in dieser verwirrend weitläufigen Mischung aus Museum und Zoo nach dem Ausgang.

Eigentlich gilt im *Haus der Natur* striktes Handyverbot; dass ich vergessen hatte, es auszuschalten, hielt ich zu diesem Zeitpunkt noch für eine glückliche Fügung. Das änderte sich, als ich die erste Person, welche mir einfiel, mit dieser Neuigkeit beglückte – natürlich war das Martin.

„Du weißt, was das bedeutet?", fragte er mit ungewohntem Ernst in der Stimme.

„Dass ich mein Allgemeinwissen aufziegeln werde."

„Auch, aber du musst vor allem die erste Runde üben. Genauer gesagt, wir zwei gehen ins Trainingslager."

Mir schwante Schreckliches – seine Worte klangen dogmatischer als jene von Papa Ratzi.

Und Martin machte mobil. Von unserem Gespräch weg bombardierte er mich beinahe allabendlich mit akribisch vorbereiteten Auswahlaufgaben. Er hatte sich sogar ein System überlegt, wie wir das gesamte Procedere praxisnah nachstellen konnten. Dabei bedienten wir uns einer Technik, die vor allem bei jüngeren Internetnutzern sehr beliebt ist: der *Chat*. Dahinter verbirgt sich die direkte, schriftliche Unterhaltung von zwei oder mehreren Teilnehmern, die online sind und das gleiche Kommunikationsprogramm geöffnet haben.

Martin formulierte also eine Aufgabe, betätigte die *Enter*-Taste, und schon hatte ich sie auf dem Bildschirm: „Reihen Sie die Städte nach ihrer Größe, die kleinste zuerst: London, New York, Wien, Mexico City." Ich musste danach die Lösung so schnell wie möglich auf dem gleichen Weg zurückschicken: „C, A, B, D."

Sein Reservoir an Fragen schien unerschöpflich. Bis zum letzten Abend vor meiner Abreise nach Köln wurde ich Hunderte Male aufgefordert, die vier Buchstaben einzugeben. Zusätzlich waren wir noch über Internettelefonie und Kopfhörer verbunden, also hatte er mich auch akustisch im Griff. Manchmal bat ich erschöpft um eine Pause, doch Martin sagte nur: „Das ist die einzige Chance, die du kriegst, und deshalb ziehen wir das jetzt durch. Weiter geht's!" Und wenn er merkte, dass meine Aufmerksamkeit nachließ, hörte ich sofort: „Von der Million kannst du in der Nacht träumen. Konzentration, wenn ich bitten darf!" Wäre er neben mir gesessen, hätte er mir wohl wie ein strenger Klavierlehrer mit dem Holzstab eins übergezogen, wenn ich es wagte, die Finger von den Tasten zu nehmen.

Mein Auftritt bei der Millionenshow glich am Ende dem Schicksal vieler österreichischer Fußballmannschaften: Brav gekämpft, aber knapp verloren. Ich löste beide gestellten Auswahlfragen richtig und in der für mich sensationellen Zeit von fünf komma irgendwas Sekunden, war jedoch nie der Schnellste. So verpasste ich leider die Chance auf einen unerwarteten Girokontoausgleich und unbezahlbare Werbung für meine Bücher im österreichischen Hauptabendprogramm.

Doch nun wissen Sie, geschätzter Leser, was Fußballweltmeisterschaft und Millionenshow miteinander verbindet: Freundschaft, die sich nur um ihrer selbst willen verschenkt und deren Lohn einzig in gemeinsam verbrachter Zeit besteht.

Die Reise nach Frankreich und das Trainingslager waren herausragende Erlebnisse, doch genährt wird unsere – und wie ich glaube, auch jede andere – Verbundenheit durch unerwartete Aufmerksamkeiten, die ein Lächeln ins Gesicht zaubern, wenn wir es am dringendsten brauchen. Genau damit soll diese Geschichte enden.

Vor ein paar Tagen war es im Büro hektisch wie selten. Ein wichtiger Drucker ausgefallen, statt Sammelrechnungen erschienen Einzellieferscheine auf den Bildschirmen der Verkaufsabteilung, und von der EDV war wieder einmal niemand erreichbar. Drei weitere Kollegen, von denen ich noch gar nicht wusste, was sie von mir wollten, standen um meinen Schreibtisch.

In diesem Moment klingelte auch noch mein Handy. Hätte ich nicht einen bestimmten Namen am Display gelesen, wäre die rote „Halt die Klappe"-Taste die einzige Alternative gewesen, doch bei Martin kam das nicht in Frage. Da ich aber sowohl ihm als auch den Umstehenden vermitteln wollte, wie eng es gerade zuging, meldete ich mich entsprechend kurz angebunden.

„Was gibt es?!"

„Eiernudeln mit Salat."

Verdammter Freiberufler! Da ruft er mich zu einer Zeit an, die gewöhnliche Menschen am Arbeitsplatz verbringen, nur um mich auf die Schaufel zu nehmen! Sein Lachen verstörte mich noch zusätzlich, und so giftete ich zurück: „Martin, dein schräger Humor in Ehren, aber ich habe jetzt wirklich nicht die Zeit für halblustige Luftkonversation."

„Schon gut." Er nahm die scharfe Anrede in keiner Weise krumm. „Dann halt die Klappe und hör mir nur kurz zu." Ich tat wie geheißen. „Martina und ich stehen gerade in einer großen Grazer Buchhandlung", berichtete er. „Von deinem neuen Buch liegt ein ganzer Stapel gleich neben der Kasse. Wir haben uns so darüber gefreut und mussten dir das sofort erzählen."

Und schon hatte mein bester Freund ein Lächeln in mein Gesicht gezaubert.

Knödel oder Brösel

Als Michael Walchhofer nach Überwindung der WM-Abfahrtsstrecke von Val d'Isere im Ziel abschwang, brannten seine Oberschenkel und zeitgleich bei den Hauptverantwortlichen des ÖSV sämtliche Warnlämpchen. Keiner der vier gestarteten Österreicher hatte es in der Königsdisziplin auch nur in die Nähe der Medaillenränge geschafft. Der Blick auf den Zwischenstand bescherte den Herren Schröcksnadel und Pum aus mehreren Gründen Kopf- und Bauchschmerzen:

1. Mit Kucera, dem Namen des späteren Siegers, verbindet der gelernte Österreicher eher einen nach 1968 aus der Tschechoslowakei zugewanderten Alt-Intellektuellen als einen kanadischen Schifahrer. Das Stammtischlamento „Jetzt foahn unsare scho' laungsauma ois de Ostler!" tut besonders weh, weil es nicht stimmt.

2. Auf Rang zwei und drei prangten *Schweizer* von der Anzeigetafel. Noch Fragen zum rotweißroten Schmerzpotential?

3. Als bester Österreicher lag Hermann Maier auf dem sechsten Platz; genau jener Hermann Maier, dem vor Beginn vom wissenden Kommentator „aus heimischer Sicht wohl nur Außenseiterchancen" zugebilligt worden waren; der noch dazu Grippeviren als blinde Passagiere den Berg herunterschleppte. Unser zweites Eisen im Feuer fuhr optisch sauber, aber doch hinterher, das dritte parkte seinen muskelgestählten Body in Folge einer unfreiwilligen Flugeinlage in der Auffangplane.

Nachdem auch Walchhofer nicht das ersehnte Gold von der pickelharten Piste hatte kletzeln können, waren Notfallmaßnahmen gefragt. Erst 21 von 38 Läufern hatten das Rennen in Angriff genommen, also waren noch mindestens drei A1-, Iglo- und Gösser-Werbeunterbrechungen ausständig. Und ohne Österreicher am Podest würden sich die männlichen Familienmitglieder zuhause lieber dem schon kalt werdenden Mittagessen widmen, als auf die Siegerinterviews zu warten.

Irgendwie mussten es die zwei Verbandsoberen deichseln, dass so viele Zuschauer wie möglich vor den Schirmen und somit die (Geld-)Interessen aller Beteiligten gewahrt blieben. Marketinggenie Peter Schröcksnadel – internationale Pressekonferenzen mit ihm sind aufgrund seiner Vorschulenglischkenntnisse eher nicht zu empfehlen, aber einen echten Tiroler wirft so etwas nicht aus der Seilbahn – hatte die zündende Idee. Er flüsterte sie Hans Pum, und Sekunden später nahmen beide den erschöpften Walchhofer in ihre Mitte.

Der Sportdirektor startete die schwierige Überzeugungsarbeit: „Willst noch einmal fahren, Walchi?"

Der Gefragte war noch immer so außer Atem, dass er nur drei Silben als Antwort herausbrachte: „Warum, Pum?"

„Weil du der Einzige bist, der das kann", flötete sein Chef, dessen schlechtes Gewissen hinter der modischen Todsünde von Stirnband es verbot, die wahren Beweggründe in den Schnee zu legen.

„Aber es ist gegen die Regeln."

Schröcksnadel war nahe dran, die Augen zu verdrehen. Wie konnte ein so riesiger Muskelprotz nur derart korrekt denken?

„Irgendwas werden wir schon finden", wischte er diesen unnötigen Fairplay-Gedanken mit einer raschen Handbewegung beiseite. „Du musst nur scharf nachdenken: War der Startrichter unfreundlich, ein Streckenposten zu nahe an deiner Ideallinie oder eine Schweizer Kuhglocke beim Zielsprung zu laut?"

„Ich glaub', einer hat *Stopp!* gerufen, und ich bin trotzdem gefahren."

„Das ist es!" Schröcksnadel jubilierte innerlich – Bier und Grammelfett würden bis zum Schluss der auserkorenen Zielgruppe den Mund wässrig machen, Abstinenzler und Diätfreaks konnten derweil mit glasklarer Sprachqualität diesen sensationellen Rennverlauf diskutieren. „Hans, du legst sofort Protest ein. Ich informiere die Presse."

Sie hatten sich schon abgewandt, als eine leise Stimme doch noch fragte: „Und was kriege ich für einen zweiten Lauf?"

„Einen Gratishubschrauberflug zum Starthaus", bot Schröcksnadel an.

„Davon kann ich mir auch nichts abbeißen."

„Also gut, ich lege noch eine Jahresration Erdbeerknödel mit Butter und Brösel drauf", schob der ÖSV-Präsident schon leicht genervt nach. „Das muss aber reichen."

„Und wenn es mich zerbröselt?"

„Gar nicht dran denken, Walchi." Pum musste sich strecken, um dem Hünen auf die Schulter zu klopfen. „Wie du eben mit dem Hintern schon am Boden warst und wieder aufgestanden bist – einfach fantastisch! Auf dir ruhen die Hoffnungen einer ganzen Nation!"

Schröcksnadel dachte schon weiter. „Und sollte doch etwas passieren, bringt die Vermarktung deiner Lebensgeschichte weit mehr als jeder Weltmeistertitel. Schau den Lanzinger an: Gestern mittelmäßiger Sportler, heute einbeiniger Star!"

„Na gut. Aber ich will Marillenknödel."

Obwohl die teurer waren, schaffte es Schröcksnadel, optimistisch zu bleiben, und willigte ein. Gemeinsam mit seinem Sportdirektor schaute er dem schweren Schritts zum Hubschrauber stapfenden Walchhofer nach.

„Hoffentlich geht das gut", meinte Pum zweifelnd.

„Sieh es doch positiv, Hans", erwiderte der ÖSV-Chef aufmunternd, „Im schlimmsten Fall hat die *Krone* die Story des Jahres, die Dopingsache von Turin wird endgültig vergessen sein, und wir zwei können endlich in Pension gehen. Gemma auf ein Bier?"

Sie halten diese Geschichte für erfunden? Schon möglich, aber bestätigt wurde sie trotzdem. Am 16. Februar 2009 stand im Internetportal unseres öffentlich-rechtlichen Senders über die Zuschauerausbeute bei der WM zu lesen: *Quotenrenner im ORF war die Herren-Abfahrt mit durchschnittlich 1,14 Millionen Zuschauern und einem Marktanteil von 75 Prozent.*

Gebührende Anstrengung

Während der Pause einer Studentenaufführung von Mozarts *Le Nozze di Figaro* – warum soll ich mein halbes Urlaubsgeld für eine Festspielkarte ausgeben, wenn ich für 7 Euro eine zauberhafte Susanna und einen Figaro erleben kann, der aussieht wie ein unehelicher Sohn von Antonio Banderas? – verlasse ich mangels anderer Möglichkeiten (zwei Asiatinnen weigern sich standhaft, den Weg nach links zum Haupteingang freizugeben) den Saal durch eine Seitentür, um mir an der frischen Luft die Beine zu vertreten.

Von den wundervollen Arien ganz benebelt – *Non più andrai, farfallone amoroso* war zu Mozarts Zeit sicher an der Spitze der *Ö3 Top 40* – merke ich kaum, wie die Tür hinter mir ins Schloss fällt. Und den kleinen Holzblock auf dem Boden sehe ich überhaupt erst, als mich Zeit und Vorfreude an eine Rückkehr zu meinem Platz denken lassen.

„Ein Stück Holz neben einer Glas-Alu-Tür, was für ein Stilbruch!", murmle ich zusammenhanglos vor mich hin. Sekunden später wird mir der Zusammenhang schlagartig klar: Die Sache hat *sehr wenig* mit allgemeinen Stilfragen zu tun, jedoch *sehr viel* mit persönlicher Blödheit.

Weil ich beim Verlassen des Saales den Holzklotz *nicht* an die dafür vorgesehene Stelle geschoben und damit verhindert habe, dass die Tür sich schließt, beginnt nun ein absurdes Rennen. Erst geht es eine lange Treppe hinab, dann geradeaus, nach rechts, über den kleinen Vorplatz zwischen den drei Betonblöcken des Neuen Mozarteums, durch den Haupteingang, der sich zwar ohne Holzklotz, aber nur nach gewaltiger Kraftanstrengung öffnen lässt, zur Tür des *Großen Studios*.

Die Dame von der Verwaltung, welche sich anfangs noch so über mein Kommen gefreut hat, schaut mich böse an wie einen Studenten des ersten Semesters. Entsprechend kindisch fällt ihre Aufforderung aus, mich zu beeilen: „Geschwind, geschwind, sonst mache ich zu!"

Nun, der Begriff *Geschwindigkeit* folgt in meinem Leben eigenen Gesetzen, besonders wenn ich zu Fuß und in Halbschuhen eine komplette Universitätsumrundung hinter mir habe. Sie lässt Gnade vor Recht ergehen und winkt mich in den schon dunklen Saal. Glücklich, es noch geschafft zu haben, verzichte ich darauf, mich zu meinem Platz jenseits der zwei Asiatinnen durchzukämpfen, sondern nehme, was mir ins suchende Auge springt.

Aber es stimmt, was Kenner behaupten: Um ans Mozarteum zu kommen, bedarf es gebührender Anstrengungen – zumindest für mich.

Déjà-vu, schmerzhaft

Neulich erlebte ich ein Déjà-vu der schmerzhaften Sorte: Nicht der Schmerz wiederholte sich, sondern die Erinnerung an die damals auslösende Geschichte traf mich so unvorbereitet, dass ich alles noch einmal mit meinem geistigen Auge verfolgen musste. Und das ist bei einem Schriftsteller bekanntlich größer als weiland das Tosca-Big-Brother-Ungetüm bei den Bregenzer Festspielen. Bleibt die Frage offen, warum solche Erlebnisse bei mir immer mit Frauen zu tun haben. Um jedoch nicht schon vor dem eigentlichen Beginn in die unendlichen Weiten philosophischer Lebensbetrachtungen abzuschweifen, lade ich den geschätzten Leser zu einer Reise in meine persönliche Vergangenheit ein und schalte sechs Jahre zurück.

Zu dieser Zeit war ich kein Bankangestellter mehr und noch weit davon entfernt, die Kalkulationen eines größeren Industriebetriebes mit meinen Daumen-mal-Pi-Schätzungen zu bereichern. Ich frönte dem Schriftstellerdasein, das den lieben langen Tag darin bestand, der Fortsetzung eines durchaus gelungenen Erstlingskrimis – das behaupten zumindest jene paar Handvoll Leute, die ihn gelesen haben – eine würdige Handlung und glaubhafte Dialoge einzuhauchen.

Um das Gehirn mit der für diese Arbeit notwendigen Sauerstoffmenge zu versorgen, ging ich zur täglich gleichen Zeit an der Königsseeache spazieren oder fuhr, wenn ich mir eine Stunde mehr gönnen wollte, mit dem Rad nach Hallein und wieder retour. Diese für mich sportlichen Höchstleistungen fanden ihren wohligen Schlusspunkt stets in einer ausgiebigen Dusche, und ich war wieder fit für den nächsten literarischen Kraftakt.

Einmal aber endete der Ausflug unplanmäßig abrupt. Und wenn Ihnen der Hergang auch unglaubwürdig erscheint: Hier sitze ich und kann nicht anders als schwören, dass sich alles so abgespielt hat.

Im Spätsommer jenes Jahres, nach Mittagessen und anschließendem Zeitungsstudium (der besseren Verdauung wegen), radelte ich bei herrlichem Wetter auf dem dafür reservierten Weg gen Hallein. Hinter der

Kaltenhausener Brauerei verschmälert sich das Asphaltband beträchtlich, ist aber breit genug, damit einander Hundebesitzer, Radfahrer, Jogger, Inline-Skater und Nordic Walker gefahrlos begegnen können. Auch mein an der Hinterachse technisch aufgemotztes Spezialfahrzeug findet da genug Platz

Um diese Tageszeit herrschte kaum Verkehr; ich zog mit ansprechender Trittfrequenz unten und angenehm leichten Gedanken oben dahin. Am anderen Ende der langen Geraden bemerkte ich periphär zwei bewegliche Punkte. Das Gehirn verschob die Beschäftigung damit auf später, berauschte sich weiter hemmungslos an den von der Anstrengung in den Beinen freigesetzten Botenstoffen. Als die Augen unmissverständlich meldeten, dass sich die zu Radfahrern gewachsenen Punkte genau entgegengesetzt zur eigenen Richtung bewegten, korrigierte ich meinen Kurs ein paar Grad nach rechts und betrachtete die Sache als erledigt. Auch wenn ich mit allen verfügbaren Kräften meiner verkürzten Muskeln in die Pedale ging – der Fahrtwind würde die zwei kaum umhauen.

Die nächste Meldung vom Ausguck war schon konkreter. Das Gehirn las auf dem eingehenden Telex: *Zwei Mädchen – stopp – fahren nebeneinander – stopp – haben die Köpfe zum Ratschen gesenkt – stopp.*

Egal, die werden mich schon sehen, dachte ich an dieser Stelle und verließ mich dabei auf mein extravagant-auffälliges Outfit: knallrotes Dress, blaue Schirmkappe, von der Anstrengung verzerrte Gesichtsmuskeln. *Sie werden nach vorn schauen, wenn sie mein erschöpftes Keuchen hören ...*

Ob es an den von mir ausgestoßenen Geräuschen lag, dass mich die beiden im letzten Moment doch noch bemerkten, konnte ich nicht mehr ergründen, denn mein kognitives Zentrum musste hintereinander zwei Schocks verarbeiten: Manche Geschehnisse ändern sich schnell und in eine völlig unerwartete Richtung. Und diese Änderung kann ohne angemessene Reaktionszeit durchaus schmerzhafte Folgen haben.

Die beiden Schülerinnen (sie waren schon so nah, dass ich sogar die Farbe ihrer Umhängetaschen erkennen konnte) zogen ihre Räder zur Seite, eine nach links, die andere nach rechts. Diese Strategie schien Erfolg versprechend, da ich mich instinktiv wieder in die goldene Mitte orientierte. Ich hielt meinen Lenker fester und so die Spur kerzengerade – und im nächsten Augenblick krachte es auch schon.

Rad auf Rad, Rahmen auf Rahmen, Speiche auf Speiche. Helles Mädchenkreischen vermischte sich mit dem metallischen Klicken der Pedalclips und einem dumpfen Aufprall meines Körpers irgendwo oberhalb des verlängerten Rückens.

„Au! Was für ein Scheiß!", stöhnte ich und betete mit geschlossenen Augen, dass nichts gebrochen war. Eine erste Innenrevision verlief beruhigend: Bis auf ein paar Prellungen schien alles heil geblieben Ich drehte mich langsam um, schaute auf – und erweiterte die Selbstdiagnose sogleich um eine Gehirnerschütterung. Obwohl ich sicher war, mir den Kopf nicht gestoßen zu haben, mussten meine Sinne irgendwie benebelt sein. Statt der erwarteten zwei blickten mir exakt doppelt so viele verstörte Mädchen entgegen.

Ich schüttelte Unfallschock und Überraschung aus dem Kopf und schaute genauer hin. Tatsächlich: vier unterschiedlich geschminkte Augenpaare, vier verschieden gepiercte Gesichter, vier different gestylte Frisuren. Keine brachte ein Wort heraus, doch sie bemühten sich redlich, mir wieder auf die Beine zu helfen.

„Wie konnte das bloß passieren?", fragte ich mehr mich selbst. Da schlug die Kleinste von den vieren urplötzlich die Hände vors schmale Gesicht und brach in Tränen aus.

„Ich hab' Sie nicht gesehen!", schluchzte sie. „Echt nicht, ich schwöre!"

„Das kannst du meinem geschundenen Kreuz erzählen", replizierte ich auf die, wie ich in diesem Moment meinte, lupenreine Ausrede. Genervt schaute ich von einer zur anderen. „Müsst ihr unbedingt dahintratschen, wenn hier der Weg so schmal ist? Könnte doch was entgegenkommen, oder?"

Drei nickten betreten, eine weinte noch lauter, beinahe Mitleid erregend. Ein kleines Häufchen Elend stand da vor mir, das sich die Sache mehr als notwendig zu Herzen nahm.

„Schon gut", meinte ich beruhigend, nachdem ich vorsichtig die schmerzenden Stellen betastet hatte. „Wie heißt du?"

„Sabrina ..."

„Ich werde es überleben, Sabrina." Ohne es zu wollen, lächelte ich, und sie hörte zu schluchzen auf. Die anderen schauten weniger ängstlich drein. Dass mich ihr Name an einen meiner Lieblingsfilme denken und deshalb lächeln ließ, brauchte keines der Mädchen zu wissen.

Auf der gemächlichen Heimfahrt – Adrenalin hatte ich bereits in ausreichenden Mengen genossen – wanderte in meinem Kopf neben Sabrinas hartnäckiger Behauptung, mich nicht gesehen zu haben, auch beständig die Frage umher, wie um alles in der Welt aus zwei Radfahrerinnen plötzlich vier hatten werden können. Erst daheim in der Badewanne, wo ich alle Glieder von mir streckte und der klopfende Schmerz im Rücken langsam nachließ, kam ich zum Schluss, das zweite Pärchen musste direkt hinter dem ersten gefahren sein, gleichermaßen in Gespräche vertieft. Und weil es im weiblichen Teenageruniversum nichts weltbewegenderes gibt als die Frage, welcher Mitschüler zumindest halbwegs attraktiv ist und welche Lehrerin vor ungerechter Gemeinheit nur so strotzt, blieb für verkehrstechnische Aufmerksamkeiten kein Platz mehr. Und schon gar nicht für ein kurzfristiges Ausweichmanöver. Und überhaupt hätten die zwei vorne schauen müssen! Und außerdem ...!

„Und außerdem ist nichts passiert", brummte ich im wohlig warmen Wasser vor mich hin und dachte nicht länger daran – bis das Déjà-vu kam.

Zwei Jahre später hatte es die neben mir wohnende Juristin endlich geschafft, ihren Second-Hand-Ehemann davon zu überzeugen, dass durch den anrückenden Nachwuchs eine Änderung der Wohnsituation unabdingbar wäre. Vorher hatte es lautstarke Diskussionen gegeben, und ich meinte schon, die zwei würden sich eher scheiden lassen als gemeinsam umzuziehen, doch eines Abends klingelte sie tatsächlich an meiner Tür, um sich zu verabschieden.

Gelassen wartete ich auf die Nachfolger, jede nur erdenkliche Kombination war möglich: ein frisch verliebtes Pärchen, das jeden Tag Händchen haltend / küssend / beides gleichzeitig an mir vorbeigehen würde (schlecht für meine Stimmung, daher nicht satirisch verwertbar), eine frisch geschiedene Frau mit mindestens einem Hund, der mich nicht mögen würde (dazu äußere ich mich noch in diesem Buch), oder eine frisch verwitwete Pensionistin, deren vor Mitleid triefende Muttergefühle mir jede Freude an guter Nachbarschaft rauben würde (schon mehrfach in verschiedenen Variationen abgearbeitet).

Was tatsächlich samt Übersiedlungswagen erschien, war neu in meinem Block: Mutter mit halbwüchsiger Tochter. Erstere hatte ein etwas strenges Äußeres, verstärkt noch durch die ungewohnt tiefe

Stimme, war jedoch, wie ich bald merkte, im Umgang angenehm normal. Die Tochter verhielt sich mir gegenüber aber irgendwie komisch. Eigentlich hätte sie mich völlig ignorieren müssen, da ich doppelt so alter Knacker überhaupt nicht in ihre Welt aus erster Liebe, ersten Zigaretten und erstem Rausch (die Abfolge kann beliebig variiert werden) passte. Trotzdem grüßte sie mich bei jeder zufälligen Begegnung, schüchtern und mit gesenktem Blick, so dass ich kaum ihr Gesicht erahnen konnte.

Im Umgang mit ihren zahlreichen Freundinnen – gemeinsam verfügten sie über einen erstaunlich großen und lautstarken Vespafuhrpark – erlebte ich meine neue Nachbarin alles andere als menschenscheu. Da wurde gelacht, gefeiert und Karaoke gesungen, keine einzige falsche Note blieb mir erspart. Doch kaum sah ich sie alleine vor dem Haus, erstarb ihre Stimme nach einem geflüsterten „Hallo...", und wusch, weg war sie.

An einem trüben Sonntag Nachmittag kam ich von meinem gewohnten Spaziergang zurück und fand sie vor der offenen Wohnungstür so in ein Telefongespräch vertieft, dass sie mich nicht bemerkte. Die schlechte Wirkung der Fertigteilbauweise unserer Siedlung auf die Verbindungsqualität beim Mobilfunk war keine Neuigkeit; ich selbst stehe oft genug mit dem Handy vorne oder hinten draußen.

Wie üblich zog ich auf den Stufen vor meiner Wohnung die Wanderschuhe aus und hatte so endlich Gelegenheit, die junge Dame genauer zu betrachten. Ich sah das schmale Gesicht, den dunklen Teint, die flinken Augen, kombinierte die Stimme dazu ... und plötzlich leuchtete in meiner Erinnerung ein Lämpchen auf, aber zu schwach, um einen Namen zu erkennen. Ich betrachtete sie lange, die Schuhe in der Hand. Plötzlich schaute sie auf – und wusch, weg war sie.

Der Stachel, das Mädchen von irgendwoher zu kennen, bohrte beständig weiter, doch ich kam nicht drauf. Bei jeder Begegnung wurde die Ahnung intensiver, und ich nahm mir schon vor, sie zu fragen, aber ihr seltsames Wusch-Syndrom verhinderte eine Unterhaltung. Schließlich erwischte ich ihre Mutter beim Auspacken der Wochenendeinkäufe und bat sie beinahe inständig, meinem Gedächtnis auf die Sprünge zu helfen.

„Na klar kennen Sie meine Tochter Sabrina!", meinte die Frau in einem Tonfall, welcher mir – nicht ohne Grund – Demenz im fortgeschrittenen Stadium unterstellte. „Sie sind doch damals mit ihr auf dem Radweg zusammengestoßen!"

An den berechtigten Einwand, der Hergang des damaligen Unfalls ließe sich mit dem simplen Wort „zusammenstoßen" nur unzureichend beschreiben, dachte ich nicht einmal, so groß war meine Überraschung. Hallein hat fast 20.000 Einwohner, und die einzige, der ich so weiträumig wie nur möglich hatte ausweichen wollen, wohnte nun direkt neben mir. Auf einen Schlag war alles wieder da: Das missglückte Ausweichmanöver stand vor meinen Augen, der schmerzhafte Aufprall klopfte in meinem Rücken, mein Staunen über die unglaubliche Mädchenverdopplung dröhnte mir im Kopf.

„Ist Ihnen nicht gut?", hörte ich von weither eine tiefe Frauenstimme. Dieser Satz holte mich in die Gegenwart zurück. Ich klappte meinen Mund zu, schüttelte den Kopf und verabschiedete mich in meine Wohnung.

Wenigstens wusste ich nun, warum Sabrina mich so schüchtern anschaute und grüßte. Ob aus schlechtem Gewissen oder aus Angst, ich könnte ihr noch Vorhaltungen machen, ließ sich nicht ergründen. Ich nahm mir jedoch vor, die Kleine bei nächster Gelegenheit von der offensichtlich zentnerschweren Last auf ihren schmalen Schultern zu befreien.

„Bin ich froh, dass du den Mopedführerschein geschafft hast, Sabrina", sagte ich ein paar Tage später zu ihr, als sie gerade mit dem Helm unter dem Arm die Wohnung verließ.

„Warum ...?" Noch immer sehr zurückhaltend, aber zumindest schaffte sie es, das Wörtchen mit normaler Stimme auf den Weg zu schicken.

„Weil du damit nicht mehr auf dem Radweg fahren darfst", erwiderte ich und zwinkerte ihr zu. „Die Gefahr scheint also bis auf weiteres gebannt."

„Ach so!" Ihr helles, fröhliches Lachen ließ in meinen Gedanken die Filmszene aufleuchten, in welcher Sabrina Fairchild aus Paris heimkehrt und David Larrabee sie nicht wiedererkennt.

Kurz nach Niederschrift dieser Geschichte kam ich an einem Freitag sehr spät für meine Verhältnisse – wahr ist eher die Formulierung *an einem Samstag sehr früh* – nach Hause. Ich suchte mit vor Schläfrigkeit halb geschlossenen Augen nach meinem Schlüssel, da hielt ein Auto vor der Nachbarwohnung. Sabrina sprang quicklebendig heraus, verabschiedete sich munter von ihrem Chauffeur und ging mit so federnden Schritten zu ihrer Tür, als wären alle Menschen von Natur aus nachtaktive Wesen.

„Guten Abend, Sabrina", brachte ich murmelnd hervor. Erstaunt drehte sie den Kopf in meine Richtung.

„Das bin ich aber gar nicht gewohnt von dir", meinte sie grinsend.

„Ich auch nicht von mir", fiel mir als erste Antwort ein. Ehe ich zur Versicherung kam, dass jede Begegnung mit Sabrina abseits des Radweges etwas Tröstliches für mich hatte, war sie verschwunden.

Glückspiel, intensiv

Das menschliche Herz ist schon deshalb ein außergewöhnliches Organ, weil es sich nicht auf seine angestammte Tätigkeit reduzieren lässt. Obwohl es unermüdlich den Blutfluss antreibt, mischt es auch noch auf der manchmal mysteriösen Zwischenebene mit, wo Psyche und Physis aufeinander treffen. Das Herz schlägt vor Freude oder aus Angst, bis zum Hals oder kaum wahrnehmbar. Es kann unendlich weh tun, auch wenn sich sein Besitzer objektiv bester Gesundheit erfreut. Und es registriert Stress, wenn das Bewusstsein, dieser wankelmütige, leicht beeinflussbare Geselle, gar nichts davon mitkriegt – womit ich beim Ausgangspunkt dieser Geschichte angelangt bin, der ersten Gerichtsverhandlung meines Lebens.

Warum es zu diesem Freitagstermin am Sozialgericht Salzburg kam, kann in der gebotenen Kürze nicht erklärt werden. Die seit über zwei Jahren andauernde Farce bietet bereits jetzt Stoff für eine Satire, die nicht mehr mit der Bezeichnung *Miniatur* untertitelt werden kann. Auslöser war meine Weigerung, bis in alle Ewigkeit beim Staat um Kostenersatz für notwendige Therapien zu betteln, nur um schlussendlich mit einem begründungslosen Nein abgeschmettert zu werden – von Leuten, die weder die medizinische Kompetenz besitzen noch die Bereitschaft, mit mir ein persönliches Gespräch zu führen.

In der Verhandlung legte mein Anwalt sämtliche Beweise über die erreichten Verbesserungen vor, was von der Gegenseite nicht einmal ignoriert wurde. Äußerlich ließ mich dieses stupide Verhalten kalt, doch mein Denken und Empfinden rebellierte, auch gegen die unentschlossene Haltung der Richterin, die sich nicht entscheiden konnte zwischen einer versäumten Klagefrist und den unbestreitbaren Tatsachen. Sie riet zu einer außergerichtlichen Einigung, die durchaus in unserem Sinne gewesen wäre, doch wiederum bekamen wir nur ein Kopfschütteln zu sehen und ein „Nein" zu hören.

Nach der ergebnislosen Mittagsstunde bedankte ich mich bei meinem Anwalt für seinen aufopfernden Kampf, fuhr nach Hause und fühlte mich leer. Die Natur wollte es, dass ich mir eine Mahlzeit kochte und diese auch aß, war danach aber noch leerer, was eigentlich paradox ist für jemanden, der keinesfalls an Bulimie leidet.

Dem öden Tag – auch der Nachmittag ließ sich nicht wirklich sinnvoll füllen – sollte keinesfalls ein öder Abend folgen. *Leut' schau'n* war schon immer ein gutes Mittel, um meine Aufmerksamkeit auf fremde Pfade zu locken, und wenn ich dabei auch noch ein bisschen das Hirn anstrengen will, dann ist eine Pokerrunde *Texas Hold'em* im Casino genau das Richtige. Also reservierte ich telefonisch einen Platz am grünen Tisch, und es blieb genug Zeit für eine Stunde Schönheitsschlaf, um ein wenig Energie für den Wettstreit mit zwei Hand- und fünf Tischkarten zu tanken.

Als ich gut erholt in Richtung Wecker blinzelte, musste ich feststellen, dass meine innere Uhr eindeutig *nicht* mit der vom *Bureau International des Poids et Mesures* in Paris festgelegten Atomzeit übereinstimmte. (Wie habe ich nur vor *Wikipedia* existieren können?) Mein Schönheitsschlaf hatte sich auf neunzig Minuten ausgedehnt, die Hoffnung auf dadurch erzielte, sichtbare Verbesserungen machte die Spiegelkontrolle jedoch sofort zunichte. Zudem hatte ich nun keine Zeit mehr für einen Imbiss, musste also mit leerem Magen in den Kampf ziehen – ein Fehler, den ich in jenem Moment leider nicht als solchen erkannte. In der Sorge, mein Fauxpas könnte die Versäumnis der Meldefrist zur Folge haben, machte ich mich schick (nun war auch der Spiegel einigermaßen zufrieden) und fuhr zum Schloss Kleßheim. Mir war das Glück des Langschläfers hold: Die Platzkarten lagen schon zur Verlosung bereit, ich ergatterte eine der letzten und nahm den darauf vermerkten Sitz in Besitz.

Vielleicht sollte aus Anlass des folgenden Spiels der Schönheitsschlaf in Casinoschlaf oder Pokerschlaf umbenannt werden; jedenfalls war ich dermaßen gut drauf, dass ich mich beinahe leichtfüßig ins Finale spielte. Ich hatte gute Handkarten, schätzte die Chancen meiner Gegner glasklar und fast immer richtig ein und war auch bei den Tischkarten nicht wirklich vom Pech verfolgt. Ein Spieler nach dem anderen erhob sich mit einem Seufzer von seinem Platz, und viel schneller als erwartet standen die zwei Teilnehmer an der Schlussrunde fest. Nach diesem so positiven wie seltenen Ereignis gönnte ich mir ein Tonic an der Bar, vergaß jedoch aus lauter Nach- und Vorfreude wieder auf eine Mahlzeit.

Das Warten aufs Finale des Pokerturniers im Casino birgt eine nicht unbeträchtliche finanzielle Gefahr, besonders im Falle einer zweiten Vorrunde. Da kann es schon passieren, dass die Pause bis zur Endrunde gute zwei Stunden beträgt. Vielen Verlockungen gilt es da zu begegnen, von blinkenden Automaten über kreiselnde Roulettes bis hin zu miteinander in ihrer Fingerfertigkeit wetteifernden Croupiers beim *Black Jack*.

Das von mir eingesetzte Gegenmittel erwies sich bisher stets als zuverlässig: Ich schalte auf Weitwinkel und achte nicht mehr darauf, *was* an den Spieltischen passiert, sondern *wer* mein Blickfeld passiert. Also hänge ich an der Bar und schaue den Leuten zu, genieße den Ausblick vom Balkon und schaue den Leuten zu, schlendere durch die hohen Räume und schaue den Leuten zu, kehre an die Bar zurück und so weiter. Manchmal ergibt sich auch eine Unterhaltung mit anderen Finalteilnehmern oder mit einem Verlierer der Vorrunde, der nicht recht weiß, ob er viel zu früh nach Hause gehen oder doch beim *Cash Game*, einer anderen Pokervariante, sein Glück versuchen soll.

Ich war gerade auf meiner zweiten Schlenderrunde unterwegs, als plötzlich mein Herz beschloss, sich im Namen der drei Herren Wolff, Parkinson und White lautstark Gehör zu verschaffen. *Du hast schon den ganzen Tag über emotionalen Stress und merkst es nicht einmal!* sollte die Botschaft lauten, doch weil in der Herzsprache nur ein binärer Code existiert, begann es schneller zu schlagen. *Viel* schneller.

Nicht schon wieder zum unpassendsten Zeitpunkt! Die Erinnerung an ein ähnliches Erlebnis kam hoch, mit all seinen Konsequenzen. Und dazu die Verfehlungen des heutigen Tages: Den Ärger über meinen Prozess hatte ich viel eher verdrängt als in aller Ruhe durchdacht, den dringend notwendigen Spaziergang an der frischen Luft als unwichtig abgetan und als Höhepunkt meiner Ignoranz – Eigendefinition: Dinge nicht zu tun, obwohl man weiß, dass sie getan werden müssen – meinen Magen durch Nahrungsverweigerung zum willfährigen Komplizen des Herzens gemacht. *Wenn du das Knurren schon nicht hörst, können wir auch ganz andere Saiten aufziehen!*

So stand ich mit einer Herzfrequenz jenseits der 200 am geöffneten Schlossfenster, atmete tief durch und gab mich dabei der vagen Hoffnung hin, es würde alles in ein paar Minuten vorbei sein. Dem war natürlich nicht so, und bald hatte ich eine Entscheidung zu treffen: Pokerfinale oder Notaufnahme. *Was überlegst du noch?* werden die Rationalisten unter meinen Lesern nun erschrocken rufen, doch es gibt eine Macht, die, einmal vom tiefen Grund menschlicher Schwächen emporgestiegen, dem Verstand unerklärlicherweise weit überlegen ist: kindische, felsenfeste, trotzige Sturheit.

Du bist endlich ins Finale gekommen, stichelte sie schon, *und nun willst du wegen ein bisschen Herzklopfen klein beigeben?*

Ein bisschen Herzklopfen schaut anders aus, protestierte der Verstand. *Das ist eine ausgewachsene Tachykardie, die behandelt werden muss!*

Muss ist Sterben, replizierte die Sturheit unerwartet logisch, *außerdem wird es nicht passieren. Denk an das letzte Mal zurück, da hast du es auch durchgezogen, und alles ging gut.*

Die Prophezeiungen meiner verehrten Kollegin sind keinesfalls wissenschaftlich fundiert, wischte der Verstand den Einwand kurzerhand vom Tisch der gedanklichen Argumente und spielte dann seinen größten Trumpf aus. *Selbst ich weiß immer erst hinterher, wie es ausgeht. Hör auf mich und fahr ins Krankenhaus. Wenn du aber lieber mit der Sturheit Russisches Roulette spielst, kann ich dir nicht mehr helfen. Dass es bei dieser Variante eher ungünstig ist, die Kugel zu treffen, dürfte dir bekannt sein.*

So ging es eine Weile hin und her; erst am Fenster, danach auf der Toilette, wohin ich mich zurückgezogen hatte, um mit einer angelernten Selbstbehandlung die Raserei zu unterbrechen. Ich ahnte jedoch bald, dass mein Schicksal darauf aus war, mir ein Déjà-vu zu verpassen, heftige Diskussionen zwischen Sturheit und Verstand inklusive. Noch am stillen Örtchen handelte ich den gleichen stillen und faulen Kompromiss wie damals mit mir aus: Ich beschloss, das Pokerfinale zu bestreiten und anschließend ins Krankenhaus zu fahren. Also doch ein bisschen Russisches Roulette, doch wie die Sturheit schon angemerkt hatte, war vor drei Jahren auch nichts passiert.

Ich kehrte an die Bar zurück und stürzte zwei Mineralwasser hinunter. Wer niemals eine Tachykardie erlebt hat, kann sich nicht vorstellen, wie anstrengend und schweißtreibend heftiges Blutpumpen ist, auch wenn man ruhig in einem Sessel sitzt und als einzige Tätigkeit intensiv wünscht, dass es endlich aufhört.

Den gut gemeinten Ratschlägen eines alten Pokerhasen, der es auch ins Finale geschafft hatte, konnte ich kaum folgen. Sein nur durch Luftholen unterbrochener Redefluss („Mein Gott, wie oft habe ich in

Las Vegas gepokert und dabei Unsummen verloren!") hatte aber den unbestreitbaren Vorteil, dass er mich nie genau musterte und dabei auf die Idee gekommen wäre, mit mir sei etwas nicht ganz in Ordnung. Er ließ sich lang und breit darüber aus, wie man locker die „jungen Buben" abzockt, unterschiedliche Konstellationen für den eigenen Vorteil nutzt und so weiter. Zu guter Letzt durften zwei allseits bekannte Binsenweisheiten natürlich auch nicht fehlen: „Aber meistens kommt sowieso alles anders. Die Karten lügen nie."

Diesem nervigen Typen hätte selbst die Sturheit beinahe das Krankenhaus vorgezogen.

„Die Teilnehmer am *Sit&Go*-Finale werden in den Pokerbereich gebeten."

Endlich gab der *Floorman* den erlösenden Startschuss. Ich ging so langsam wie möglich (mein Herz war noch immer auf über 180) zu den Tischen, nahm die *Starting Chips* in Empfang und den mir zugelosten Platz an der linken Seite eines ausgesprochen hübschen weiblichen Croupiers ein. (*Die bringt dir sicher Glück!* – so ein Unsinn kann nur von der Sturheit kommen.) Während des Mischens und anderer Vorbereitungen glaubte ich ein hämisches Lachen zu hören, mit welchem die Sturheit ihren Triumph über den Verstand auskostete. Doch Schadenfreude ist nicht nur boshaft, sie macht auch leichtsinnig. Und wenn mein Verstand auf etwas stolz ist, dann auf die Überzeugung, immer einen letzten Trumpf in der Hand zu halten – und diesen auch auszuspielen, wenn sich die Gelegenheit dazu ergibt.

In vom Schweiß klitschnassem Hemd und Unterhemd – Scotty ließ sich von meiner Konzentration auf die erste ausgeteilte Hand nicht beeindrucken und fuhr den Reaktor der *Enterprise* weiterhin knapp unter der Belastungsgrenze – besah ich mir die zwei Karten. Zwei mittelgute Herz (mein ironisches Schicksal blinzelte mir da bedeutungsschwanger entgegen!), und als die Setzrunde begann, war ich schon zu hundert Prozent ins Abschätzen meiner Chancen vertieft. Diese kurzfristige Machtposition nützte der Verstand eiskalt – gegen seinen gedankenschnellen Befehl hatte die Sturheit nichts zu melden: *Rein mit deinen Chips! Entweder hier gewinnen oder im Krankenhaus!*

Wie einen Fremden hörte ich mich „*All in!*" sagen und schob mechanisch mein gesamtes Kapital in die Mitte des Tisches. Ein erstauntes Raunen ging durch die Runde, besonders von jenen, die bereits eingestiegen waren. Der Pott war entsprechend hoch, und ich sah meinen ersten Harakiri-Feldzug schon erfolgreich beendet, da erhob sich zwei Plätze rechts vom Croupier so unerwarteter wie unwillkommener Widerstand: „*Call!*"

Die Stimme war leider eindeutig dem alten Pokerhasen von vorhin zuzuordnen, der wohl darauf aus war, mich jungen Buben locker abzuzocken. Sogleich erkannte ich meine eigene Hand als nicht mehr so vorteilhaft, doch Poker ist nun mal ein Spiel ohne Rückwärtsgang. Mein Kontrahent schob den gleichen Betrag nach vorne – zum Pech meines ganzen Tages passte, dass er aus der Vorrunde auch noch mit mehr *Starting Chips* als ich gesegnet war –, und schon gab die hübsche Spielleiterin den Befehl zum Aufdecken der Karten: „*Showdown!*"

In gottergebener Erwartung der Niederlage deckte ich mein Blatt auf und war einigermaßen überrascht, auf der Gegenseite zwei ebenfalls mittelgute Karo zu sehen. Nun hing alles von den fünf Tischkarten ab, welcher von der jungen Dame nacheinander aufgedeckt wurden. Es folgten zwei weitere Karo, eine Herz, noch eine und – die plötzliche Hoffnung auf einen *Flush* in Herz ließ sogar mein eigenes für eine Millisekunde aussetzen – zu schlechter Letzt wieder eine Karo. Damit hatte der alte Pokerhase den *Flush* mit fünf gleichen Farben getroffen und mich jungen Buben abgezockt. Damit endete nicht nur meine Teilnahme am Finale vor der Zeit, auch der Wettstreit zwischen Sturheit und Verstand war somit durch ein klares K. o. entschieden.

Im Halleiner Krankenhaus war eine halbe Stunde vor Mitternacht nicht viel los. Für dieses hatte ich mich entschieden, weil die Gefahr, sich im LKH Salzburg auf der Suche nach der richtigen Station zu verlaufen, um vieles größer ist, als sich auf der Autobahn zu verfahren, vorausgesetzt, man benutzt den Zubringer in vorgegebener Richtung. Nach Nennung des Zauberwortes *Hypertachykardie* erließ man mir auf der Notaufnahme sogar das Ausfüllen des Patientenformulars. Alles ging seinen gewohnten Gang: Ich wurde von einem Krankenpfleger – sein finsterer Blick ließ mich verstehen, warum meine Großmutter im Altersheim immer von Wärtern gesprochen hatte – ans EKG angeschlossen, er legte für mich eine Ambulanzkarte an und verabschiedete sich schließlich mit den für seine grimmige Art äußerst aufmunternden Worten „Der Arzt kommt gleich" aus der Szene.

Und mit ihm hoffentlich die Isoptin-Spritze, damit ich nach Hause kann, führte ich den Satz in stummer Sehnsucht auf ein Ende der Raserei und mein eigenes Bett fort. Dass diese Hoffnung trügerisch war, ahnte ich bereits vage, als der diensthabende Doktor das Behandlungsabteil betrat. Die jugendlichen Augen sorgenvoll, der Händedruck zur Begrüßung vorsichtig und schwach, die Wahl seiner Worte unbestimmt. Meine Befürchtung, hier an einen noch sehr frischen Vertreter seiner Zunft geraten zu sein, wurde zur Gewissheit, als er den EKG-Ausdruck länger studierte, als ich dafür gebraucht hätte, ihn nachzumalen.

„Ihr WPW schaut nicht gut aus, aber *Isoptin* wird helfen", sagte der Arzt schließlich doch noch anstatt des von mir beinahe schon erwarteten „So etwas habe ich noch nie gesehen ..." Während der Routinetätigkeiten – Arm abbinden, Spritze aufziehen, Nadel einstechen und Medikament verabreichen – kehrte er kurz in die gewohnte Spur zurück, änderte dann jedoch so abrupt wie unerwartet das Drehbuch.

„Ich werde Sie für die Nacht auf die Intensivstation verlegen."

Mein Schreck war so groß, dass ich gar nicht merkte, wie rasch mein Herz unter Drogeneinfluss zur Ruhe kam. „Aber warum denn?"

„Nur zur Beobachtung", meinte er und tätschelte meinen Arm. „Der Anfall hat so lange gedauert, dass ein Rückfall passieren könnte."

Diese Theorie war mir neu und nährte zudem den Verdacht, der Jungdoktor wollte sich durch die stationäre Aufsicht gegen den Vorwurf absichern, mich vielleicht zu früh heimgeschickt zu haben, aber er schob ein Argument nach, auf das ich in der gebotenen Kürze keine Riposte fand.

„Ihnen kann es doch egal sein, wo Sie schlafen, oder?"

Mit dem erneuten Auftritt des Pflegewärters erlebte meine nun beinahe schon den ganzen Tag andauernde Farce ihren beeindruckenden Höhepunkt. Um diesen zu verbildlichen, muss ich abschweifenderweise erzählen, wie ich zu einigen neuen Kleidungsstücken kam, mit denen ich mich extra für Gerichtsverhandlung und Casinobesuch aufgebrezelt hatte.

Wenn ich meine in Stylingfragen äußerst beschlagene Zwillingsschwester an ihrem Arbeitsplatz als Dekorateurin in einem großen Modehaus besuche, zeigt sie mir stets die neuesten Trends in der Herrenabteilung. Manchmal beschleicht mich dabei das Gefühl, absolut keine Ahnung zu haben, was läuft, aber zuletzt präsentierte sie mir ein altrosa Kurzarmhemd, in das ich mich sofort verliebte.

„Das wird erst für einen besonderen Anlass ausgepackt", versprach ich uns beiden und nahm deshalb noch eines in Alltagsblau.

Als der Anlass unmittelbar vor der Tür stand, musste ich feststellen, dass keine einzige meiner aus der Zeit als Bankangestellter doch zahlreich vorhandenen Krawatten zu dem Altrosa passen wollte. Männer machen da immer den gleichen Fehler: Wenn sie eine ihnen attraktiv erscheinende Textilie entdecken, betreten sie das Geschäft, weisen die Verkäuferin mit ausgestrecktem Zeigefinger samt den Worten „Das da in Größe xy" darauf hin und greifen zur Brieftasche.

Ganz anders Frauen: Die haben beim Einkaufen den kompletten heimatlichen Kleiderschrankinhalt im Kopf gespeichert und schielen nur nach Stücken, die perfekt zur Jacke, zu den Stiefeln oder zum Hosenanzug passen. Folglich geraten sie nie in die Zwickmühle zwischen einer peinlich-gewagten Kombination und dem Verzicht auf das neu erstandene Teil.

An mir würde zwar eine sämtlichen Betrachtern die Augen ausstechende Krawatte ebenso wenig auffallen wie bei Quasimodo eine neue Frisur, aber mein Stolz über das durch mütterliche Beharrlichkeit erlernte Wissen, wie man sich richtig anzieht, entschied für den Verzicht. Und speicherte zugleich nicht meinen ganzen Hemdbestand, aber doch das Altrosa in meinem Kopf, um bei passender Gelegenheit zuschlagen zu können.

An einem verregneten Samstag in der Getreidegasse war es soweit. Mit dem fast schon emanzipierten Vorhaben, genau zu diesem Hemd (sicherheitshalber hatte ich es gleich angezogen) eine Krawatte zu finden, betrat ich ein Geschäft und ließ mir eine Auswahl vorlegen. Die ältere Dame bemühte sich sehr, schien aber kein glückliches Händchen zu haben. Zu bunt, zu fad, zu eng gemustert, zu breit gestreift. Ihre Augen hatten sich schon zu einem *Was ist das nur für ein komplizierter Kunde* verengt, da zog sie noch die unterste Lade auf, und in meinem Kopf machte es *klick!*

Männer kennen dieses Gefühl beim Anblick eines Autos, Frauen eher bei Schuhen: Man entdeckt ein Kleinod und verspürt sofort den Wunsch es zu besitzen, so stark, dass gleichsam schon der eigene Name darauf geschrieben steht. Der persönliche Kontostand könnte noch ein schlagendes Gegenargument sein, aber bei der geringsten Möglichkeit eines Ja ist es nach wenigen Minuten auch so weit.

Die mit dem nur für mich sichtbaren Befehl *Kauf mich, Hannes!*

versehene Krawatte hatte ein kräftiges Lila als Grundfarbe und war dezent gelb, grün und blau gemustert. Aus feinster englischer Seide, handgemacht von den Herren *Holliday & Brown* – ich habe das gute Stück für diese Information extra aus dem Schrank geholt –, passte sie perfekt zu meinem altrosa Hemd wie auch zum grünen Leinensakko, welches für oberhalb vorgesehen war.

„Die da!", sagte ich zur Verkäuferin und zeigte zwecks Bestätigung meines Wunsches mit dem Finger drauf. Als sie an der Kasse den Preis nannte, irritierte der plötzliche Lichteinfall meine vor Schreck geweiteten Augen, aber da war es längst zu spät. Als mich die Dame mit dem Hinweis aufmuntern wollte, ich könnte durch den Einkauf nun gratis in der Mönchsberggarage parken, kostete mich das nur ein schwaches Lächeln.

Nachdem mir meine neue Lieblingskrawatte im Gericht kein Glück gebracht hatte, wollte ich sie nicht mit diesem negativen Makel in den Schrank hängen. Aus diesem Grund kam sie in Kombination mit altrosa Hemd und grünem Sakko zu einem abendlichen Zweiteinsatz – und leider auch ins Halleiner Krankenhaus, wohin der Chronist nun wieder zurückkehrt.

„Ich helfe Ihnen beim Ausziehen!"
Der Ton des stoppelbärtigen Pflegewärters ließ keinerlei Widerspruch zu. Sakko und Krawatte hingen schon über einer Stuhllehne, nun befreite er mich mit – naja, *bestimmten* – Handgriffen von Schuhen, Hose, Hemd und klitschnass durchgeschwitzter Unterwäsche. Noch ehe er mir in das würdelose, weil auf dem Rücken zuzubindende Nachthemd half, versetzte der Mann meinem Herzen trotz bereits erfolgter Beruhigung durch Isoptin beinahe den finalen Todesstoß. Er zog unter der Liege einen schwarzen Müllsack hervor, schüttelte ihn auf und (es gibt kein anderes Wort dafür) *stopfte* meine gesamte Kleidung mit zwei Handgriffen hinein, die Schuhe obendrauf. Mit geweiteten Augen verfolgte ich den fast surrealen Vorgang, aber bevor ich ein protestierendes „He!" krächzen konnte, hatte er den Sack bereits mit Paketklebeband versiegelt und mit dem Patientennamen gekennzeichnet. Nach seinem lockeren Wurf landete der Sack zwischen meinen Beinen, und schon ging es auf dem rollenden Bett zur letzten Station an diesem ereignisreichen Tag, der Intensivstation.

Nicht einmal drei Minuten vergingen dort, ehe mir mein Schicksal zwei lebenswichtige Erkenntnisse vermittelt hatte: a) Es ist *nicht* egal, wo ich schlafe, und b) außergewöhnliche Menschen trifft man an Orten, wo man es am wenigsten erwartet.

Dass unsere Gesundheitsversorgung auch durch den technischen Fortschritt am finanziellen Abgrund steht, schreiben nicht nur regierungskritische Journalisten, ich selbst hörte es auch, kaum dass der Pflegewärter mein Bett arretiert und mich der Nachtschwester übergeben hatte. (Damit verabschiedet er sich endgültig aus der Geschichte.) Noch ehe ich selbst an die Herzüberwachung angeschlossen war, surrte und blinkte und brummte und piepste es rundherum so intensiv, dass an erholsamen Schlaf kaum mehr zu denken war. Nicht einmal in einem Nachtzug, der *nur* rumpelt, fallen mir die Augen zu, also konnte ich das hier gleich vergessen, zeitweiliges Dösen aus purer Erschöpfung vielleicht ausgenommen. Der Polster war zu dick, die Matratze zu weich, die Decke zu dünn, das lächerliche Hemdchen zu kurz. Unruhig wie in einem Albtraum warf ich mich hin und her, doch auch in dieser realen Posse geschah etwas, das man sonst nur aus Träumen kennt: Plötzlich stand ein Engel an meinem Bett.

„Ich bin Schwester Katharina. Schnell verkabeln, dann lasse ich Sie in Ruhe."

Auf keiner Straße der Welt würde diese Frau auffallen, doch träfe der Versuch, ihr Äußeres zu beschreiben, nie das Zentrum dessen, was die Ausstrahlung ihres Gesichts, ihrer Augen, ihres gesamten Wesens für mich und alle anderen in diesem Raum bedeutete. *Ich bin ganz da für dich, wenn du mich brauchst,* vermittelte dieses Sein mit seiner allumfassenden Energie und gab damit genug Vertrauen, um den Albtraum endgültig zu verscheuchen. Den Rest erledigte die ruhige Routine ihrer Hände, mit welcher sie mich ans EKG anschloss und das unvermeidliche Piepsen der Maschine auf die leiseste Stufe stellte.

„Haben Sie noch einen Wunsch?"

Die Frage kam gütig, bestimmt, voll ehrlicher Hilfsbereitschaft. Sie brachte falsche Ängste zum Schweigen und verschaffte einem echten, schon stundenlang drängenden Bedürfnis wieder Gehör.

„Ich bin so hungrig. Gäbe es vielleicht irgendeine Süßigkeit?"

„Nur Biskotten, wenn Ihnen das recht ist", antwortete Katharina beinahe entschuldigend.

„Klingt wunderbar."

„Und zum Trinken einen Tee?"
„Wasser genügt, vielen Dank."
Wenig später stand beides auf dem Nachttisch, die Schwester fuhr elektrisch das Kopfende des Bettes nach oben, damit ich mich leichter bedienen konnte. An den letzten Verzehr einer Eierbiskotte kann ich mich gar nicht mehr erinnern, aber bestimmt hat sie mir damals nicht so gut geschmeckt wie im Halbdunkel der Intensivstation. Das Licht stammte aus schwacher indirekter Beleuchtung und der unmittelbar präsenten Stärke von Katharina der Großen. Sekunden nach dieser lebensrettenden Stärkung umfing mich die Müdigkeit schwer und angenehm. Als ich die Augen wieder öffnete, war die Sonne schon aufgegangen und mein Engel verschwunden.

Die überfällige Dusche durfte ich zum Glück ohne Hilfe der Tagesschwester erledigen und konnte sie so auch zeitlich ausdehnen, bis nicht nur alter Schweiß, Kontaktcreme und Patientenhemdchengeruch weggewaschen waren. Ich wusch auch Casinorauch aus meinen Haaren, und mein herrlich regelmäßiger Herzschlag vertrieb dazu den letzten Tachykardiestress aus meinem Körper. Dass mir die übervorsichtige Pflegehelferin trotz dankender Ablehnung eine Buttersemmel strich und der Milchkaffee ungenießbar war, konnte aber auch meine wieder gewonnene Energie nicht verhindern.

In ein frisches Patientenhemdchen gewandet und mit den schlimmsten Befürchtungen im Kopf holte ich anschließend den schwarzen Müllsack unter dem Bett hervor. Nachdem ich mit einiger Mühe das Paketklebeband entfernt hatte, wurden diese von der ans Tageslicht kommenden Realität noch übertroffen. Mein Sakko hatte so viele Falten in allen Richtungen, Größen und Formen, dass selbst Hugo Boss angesichts dieser Tragödie seinen Wahlspruch *Leinen knittert edel* sofort auf die Liste der tödlichen Stylingsünden verbannt hätte. Die Hose sah nicht viel besser aus, würde sich aber an der frischen Luft aushängen. Hemd und Unterwäsche waren ein einziges Knäuel, trotz der vergangenen Stunden noch feucht, und rochen daher entsprechend. Die Krawatte war zu meiner großen Überraschung makellos geblieben. Kein Fältchen quälte die englische Seide, kein Hemdachselschweißfleck verdunkelte das noble Muster.

„Qualität erkennt man eben nur unter extremen Bedingungen", entfuhr es mir aus lauter Dankbarkeit. Die Pflegehelferin warf mir einen verwirrten Blick zu, und ich verzichtete deshalb auf den Zusatz, mich demnächst bei den Herren *Holliday & Brown* für ihre hervorragende Arbeit bedanken zu müssen. Ich hängte die Oberbekleidung fein säuberlich über einen Sessel und den Rest, so gut es ging, zum Trocknen auf. Danach fragte ich die Tagesschwester nach dem Zeitpunkt meiner Entlassung.

„Nach der Frühvisite", wurde mir beschieden. „Der Doktor kommt gleich."

Ein weißbärtiger Mann vom Typ Lieblingsopa für brave Kinder betrat bald darauf die Intensivstation. Er blieb an meinem Bett stehen und linste erstaunt über seine Halbbrille.

„Wer war denn hier so elegant angezogen?"

Ich freute mich über dieses Kompliment für meinen guten Geschmack, wurde von der Tagesschwester aber gleich wieder zurückgestutzt.

„Die Tachykardie, Herr Doktor."

„Aber heute geht es Ihnen gut?", fragte er dann doch lieber mich selbst als mein Sakko.

„Bestens, danke", antwortete ich, wissend, dass er sich den fälligen Ratschlag nicht würde verkneifen können.

„Am Linzer AKH gibt es einen Spezialisten, der sollte sich das anschauen."

Ich nickte ergeben und machte mich eine halbe Stunde später, mit Namen und Telefonnummer ausgestattet, in meiner zerknitterten, feuchten, aber noch immer (von einem Kenner bestätigt) eleganten Abendgarderobe davon – selbstverständlich mit korrekt gebundener Krawatte.

Bei der telefonischen Terminvereinbarung zur Herzuntersuchung, die ich wirklich machen lassen wollte, schloss sich für mich ein Kreis. Dass ich dabei nicht den Arzt selbst, sondern seine geschäftstüchtige Gattin am Rohr hatte, trug wesentlich dazu bei.

„Guten Tag. Ich wurde vom Krankenhaus Hallein an Sie verwiesen und würde gerne vorbeikommen."

„Die nächste freie Privatordination bei meinem Mann ist am ..." Sie nannte mir einen Donnerstag in zwei Monaten Entfernung.

„Kein Problem. Was muss ich mitbringen?"

„Den letzten Befund, das letzte EKG und 200 Euro."

Da war ich kurz davor, samt der Aufforderung „Schreiben Sie am besten gleich mit!" den Hörer an die Brust zu pressen, so nahe brachte mich dieser Betrag an die nächste kardiale Raserei.

Ich gehe doch lieber vorher ins Casino. Dort besteht wenigstens die Chance auf einen Gewinn.

Fußball in der Lebensabschnittspartnerschaft

Während ich diese Geschichte schreibe, tue ich gleichzeitig etwas ganz Ungehöriges: Ich sehe fern. Sie werden aber gleich lesen, dass es in diesem Fall unabdingbar ist: als Geräuschkulisse, Inspirationsquelle und – am allerwichtigsten – zur Untermauerung meiner Theorie.

Im Fernsehen läuft ein Spiel der deutschen Bundesliga. Volles Stadion, super Stimmung und Bayern liegt hinten – Fanherz, was willst du mehr? Den wahren Genuss an diesen und anderen 90 Minuten als Couchpotato verschaffen mir jedoch meine Lebensumstände. Singles können ohne Fußball durchaus überleben; Freunde des runden Leders sind – so meine Schlussfolgerung aus vielen Erlebnissen – als Singles um vieles besser dran. Die folgenden Beispiele aus dem Verlauf einer Spielübertragung lassen erkennen, wie verheerend es sein kann, wenn sich Fußballfan und aktuelle Lebensabschnittspartnerin zeitgleich in derselben Wohnung aufhalten.

Störaktionen
Mann hat sich gerade mit einem Seufzer der Zufriedenheit vor dem TV-Gerät niedergelassen, ist mit Chips, Schokolade und Bier ebenso perfekt ausgestattet wie die Protagonisten auf dem Feld mit Dressen, Schuhen und Schienbeinschützern. Die Platzwahl ist getroffen, alles wartet auf den Anpfiff. Dieser kommt jedoch nicht aus dem Fernseher, sondern aus der Küche.

„Du hast den Müll noch nicht hinausgetragen!"

Diese kaum versteckte Aufforderung kann je nach Belieben mit „Das Essen ist fertig!" oder „Gleich kommt Bernadette mit der 1. Staffel von *Desperate Housewifes* auf DVD!" sowie zahllosen anderen phantasievollen Botschaften, die nur Frauen einfallen, getauscht werden. In jedem Fall bedeutet sie, dass der Empfänger seinen Hintern von der Couch heben und in der ihm zugedachten Weise aktiv werden soll. Als gar nicht so geheimer Tipp kursiert unter Fußballfans das Gegenargument, all diese Tätigkeiten könnten zu einem anderen Zeitpunkt in gleicher Qualität ausgeführt werden: „Später, Schatz!"

Danach ist es am besten, Augen und Ohren nur auf das Spiel zu konzentrieren. Die Ausblendung weiterer Störaktionen steigert die Aufmerksamkeit für das Geschehen auf dem Rasen wie auch den eigenen Seelenfrieden. Besonders kommunikative Menschen können natürlich versuchen, die Partnerin einzubinden, etwa beim zweiten Tor von Wolfsburg gegen München, das soeben gefallen ist, mit dem Ausruf: „Was für ein herrlicher Kopfball! Schatz, du musst dir unbedingt die Wiederholung anschauen!" (Aber bitte nicht enttäuscht sein, wenn sie nicht sofort auftaucht.)

Hellhörig sollte der Fan nur werden, wenn beim Flambieren der Nachspeise die Küche in Brand gerät oder Sätze fallen wie „Ich ziehe aus / verlasse dich / lasse mich scheiden!" Dann könnte folgender Konter helfen: „Gleich bin ich für dich da. Nur noch fünf Minuten bis zur Halbzeit, okay?"

Friedensangebote
Nachdem ihm fünfzehn Minuten für eine ausgiebige Versöhnung samt Verzehr des Hauptgerichtes locker reichten, kehrt er mit neu gewonnenem Gemeinschaftsgefühl an seinen Platz zurück und nimmt sein angestammtes Tun wieder auf. Männer können sich nach heldenhaften Taten der Zweisamkeit mindestens ein Jahr lang zufrieden zurücklehnen, aber Frauen hegen die ständige Sehnsucht nach Wiederholung, Verstärkung, Bestätigung.

Dieses Ansinnen im Hinterkopf, drapiert sie die – natürlich hervorragend gelungene – Nachspeise hübsch auf zwei Teller und macht mit dieser kleinen Bestechungshilfe im Wohnzimmer ein unschlagbares Friedensangebot: *Interesse an seinem Lieblingshobby zeigen.* Das geht leider fast zwangsläufig schief; in unserem besonderen Fall, weil Bayern gerade den Ausgleich erzielt hat, erkennbar am versteinerten Fangesicht wie auch am rechts oben eingeblendeten Zwischenstand. Der ganz allgemeine Grund für das immerwährende Scheitern weiblich-intuitiver vertrauensbildender Maßnahmen liegt in der Tatsache, dass unsere besseren Hälften ein Fußballspiel nicht einfach *anschauen* können, sondern glauben, Konversation machen zu müssen. Wie bringt frau einen Mann, der nicht reden will, doch dazu? Richtig: indem sie Fragen stellt.

Hier fünf katastrophale Fragen einer Frau zum Thema Fußball. Sie orientieren sich am eben laufenden Spiel, können aber von jedem Fan nach Belieben abgeändert oder ergänzt werden. Die Skala ist, wie bei Erdbeben, nach oben offen. Und weil jede Frage einem Mann im

wirklichen Leben wohl nur einen Seufzer entlockt, setze ich die Antworten in Klammern.
    1. „Wer spielt gegen wen?" (Bayern München gegen Wolfsburg – das steht im Insert.)
    2. „Wer sind die Roten?" (Bayern – die spielen zuhause immer in Rot.)
    3. „Wer sind Unsere?" (Unsere sind nicht dabei – zum Glück.)
    4. „Ist der Fesche da ein Italiener???" (Ja, Luca Toni ist Italiener – aber warum ist das wichtig???)
    5. „Kannst du mir das Abseits noch einmal erklären?" (Ich habe einen besseren Vorschlag: Du schaust mit Bernadette *Desperate Housewifes*, und ich gehe ins Sportcafé.)

An dieser Stelle bitte nicht vergessen: Zuerst zum Dessertlöffel greifen, kosten und die Nachspeise – egal wie sie schmeckt! – ausgiebig loben. Danach zum Autoschlüssel.

Die Weiße Fahne
Natürlich hat der männliche Protagonist unseres Beispiels genug emotionale Intelligenz und auch soziale Kompetenz – beides ist heutzutage wesentlich mehr wert als ein Depot voll Post-Aktien –, um nicht abzuhauen. Die Art jedoch, wie er jene mit so viel Liebe zubereitete ... Dings...creme (den Namen hat er sich noch nie gemerkt) hinunterschlingt und dabei die Augen kein einziges Mal vom Bildschirm wendet, macht der Frau an seiner Seite endgültig klar, dass sie niemals einen Platz in dieser Männerdomäne wird erringen können. Und eine verständliche Abseitsregelerklärung findet sie wohl eher auf Wikipedia als beim häuslichen Experten.

Doch eine Frau wäre nicht eine solche, würde sie ohne entschlossenes Handeln samt allgemein gültigen, letzten Worten die Szene verlassen. Ihr Griff nach dem Autoschlüssel mag von männlicher Seite noch als Hissen der Weißen Fahne gedeutet werden, aber ihr Abschlusskommentar macht deutlich, dass sie über solch profanen Dingen steht – und wiederkommen wird, wenn der Spuk vorbei ist.

„Es wäre doch viel klüger, jedem der 22 Spieler einen Ball zu geben."

Mit all diesen Kalamitäten muss ich mich nicht auseinandersetzen. Trotzdem ist mein Leben weit davon entfernt, nach Plan zu verlaufen, denn Bayern hat das Spiel gegen Wolfsburg noch gewonnen. Und ich habe noch immer keine Freundin.

Fettnäpfchen, bayrisch

Nachdem meine Motivation, an einem Wintertag Mitte September zu arbeiten oder überhaupt aufzustehen, extrem endenwollend war, packe ich die Gelegenheit beim Schopf, den ersten Kollegen, der mir im Büro über den Weg läuft, schwach anzureden.

„Das Bayern-Spiel gestern im Fernsehen hätte ich mir wieder einmal sparen können. Fad, wie es nur sein kann, und dann haben die auch noch diesen typisch deutschen Dodel-Dusel und gewinnen irgendwie 1:0."

Diese eher subjektive Meinungsäußerung fußt auf der statistischen Annahme, dass die meisten männlichen Österreicher ein Spiel mit deutscher Beteiligung nur anschauen, um die Deutschen verlieren zu sehen. Aber leider nicht *alle*.

„Schön mutig von dir, das zu sagen", repliziert der Kollege mit eisigen Augen. „Vor allem zu jemandem, der im Fan-Schal vor dem Fernseher sitzt und dazu FC-Bayern-Bier aus dem Fan-Krug trinkt."

Was für eine Punktlandung im Fettnäpfchen: mit Ansage, Anlauf, Absprung und beiden Beinen. Auch mein spontan-heftiges Zurückrudern hilft da nicht mehr wirklich.

„Jetzt wo du es sagst: Die erste Halbzeit war gar nicht so schlecht…"

Tourismuswerbung, steirisch

In einem als *Genusswanderung* getarnten Werbespot im Regionalradio preist ein weststeirischer Wirt seine Hausspezialität mit folgenden Worten an: „Bei uns gibt es die heiß geräucherte Forelle. Die kommt heiß auf den Teller und schmeckt hervorragend nach ... geräucherter Forelle."
   Bevor der gute Mann auch noch beteuern kann, dass sein Schilcher nach Schilcher schmeckt, lässt mich ein gütiges Schicksal den Aus-Knopf finden – getreu dem Refrain eines auf selbigem Sender gehörten Schlagers: *Wenn dich hier nichts mehr hält, ja dann geh doch!*

Was Mozart sagte

Lieber Wolfgang, Gott zum Gruß!
Du auch hier zum Kunstgenuss?
Emanuel, ich muss dir sagen:
Schlecht is' mir in diesen Tagen
Weil sie wieder alle spinnen
Oben, unten, draußen, drinnen
Was hilft's, es is' wieder soweit:
In Soizburg hamma Festspielzeit

Warum bist denn nicht zufrieden?
Ein ganzes Jahr ist dir beschieden
Von Kapstadt bis rauf zu den Schären
Gibt's ein Fest zu deinen Ehren
Das ist Musikwahnsinn für alle
– Aber hier is' die Zentrale! –
Streng bewacht von einem Adler
Namens Helga Rabl-Stadler

Freilich ist er schön zu hören
Mozarts Klang in allen Sphären
Doch schau hinter die Kulissen
Viele geh'n nur, weil sie müssen
Von Jedermann gesehen werden
Was bleibt Himmlisches auf Erden?
Drunter sind ganz oft Banausen
Emanuel, mir kommt das Grausen!

Und dazu die neue Kunst!
Heli, Bauzaun, ois umsunst!
Wie man hört, bei Gott nicht gratis
Doch Gesprächsstoff auf den Partys
Genauso wie die schöne Anna
Wovon sie singt, versteht eh kaner!
Und was wird nachher diskutiert?
Freunde, wo habt's reserviert? ...

Gibst du dir den Marathon
Deiner Opern, Ton für Ton?
Schikaneder, ich sag's offen:
Ich fühl' mich gar net betroffen
Inszenierungen, die netten
Gibt's nur bei den Marionetten
Höchstens noch mit den Studenten
Doch die leb'n von Alimenten

Und beim mir geweihten Haus
Kenn' i mi bis heut' net aus
Was soll das sein, a neue Deutung?
Für mich is' es Geschmacksausbeutung
Von Leuten, die gar keinen haben
Da krächzen ja die Mönchsbergraben!
Die gelbe Straße passt dazu
Auf der siehst du jeden Schuh!

Dein Jubiläumsresümee?
A Riesengschäft, a Riesenschmäh!
Doch es gibt a klan's Geheimnis
Weißt, wer zehn Jahr' do daheim is'?
Ein Dichter so wie du, a feiner
Reime setzt er wie kaum einer
Ich brauch' a bissl Kunstgenesung –
Komm, wir geh'n zu seiner Lesung!

Viel Arbeit, auch für Vampire und Politiker

Behinderung, gesetzlich

Neulich fand ich durch Zufall heraus, wie der Begriff *Behinderung* vom Gesetzgeber definiert wird. Wie zu Jahresbeginn üblich, erhielt ich den Bescheid über die *Gewährung eines Lohnkostenzuschusses an den Dienstgeber in der Höhe von monatlich* ... Den Betrag verschweige ich an dieser Stelle nicht aus Datenschutzgründen, sondern wegen der traurigen Tatsache, dass ich nie etwas davon zu sehen bekomme. Der Staat belohnt nicht etwa mich, der ich es trotz eindeutiger Berechtigung (Ihre zweifelnde Stirn glättet sich in Bälde, versprochen!) vorziehe, einer geregelten Beschäftigung nachzugehen, anstatt dem Steuerzahler auf der Tasche zu liegen. Nein, mein Dienst*geber* kommt in den Genuss, mir weniger zahlen zu müssen. Warum das nicht automatisch an entsprechend weniger Arbeit für den Dienst*nehmer* gekoppelt ist, frage ich mich jeden Tag.

Aber wie gesagt, mir ist wenigstens die Existenz dieses Zuschusses bekannt; die amtlichen Schreiben werden immer abgeheftet. Aus unerfindlichen Gründen las ich diesmal auch den der Entscheidung zugrundeliegenden Gesetzestext. Was da unter Paragraph 2 stand, katapultierte mich trotz abendlicher Müdigkeit von 0 auf 100, viel schneller, als irgendein Sportwagen auf der Welt es jemals schaffen wird. Nach einigen Kraftausdrücken, die meinem Ruf als intellektuellem Schöngeist dauerhaften Schaden zufügen würden und deshalb mit strengstem Papierverbot belegt sind, machte ich auf der Internetseite der Salzburger Landesregierung die Gegenkontrolle – und schob dem vom Bildschirm laut abgelesenen Wortlaut gleich noch ein paar deftige Flüche hinterher.

Salzburger Behindertengesetz 1981
§ 2
(1) Behinderte im Sinne dieses Gesetzes sind Personen, die infolge ihres Leidens oder Gebrechens (Behinderung) in ihrer Fähigkeit dauernd wesentlich beeinträchtigt sind, ein selbständiges Leben in der Gesellschaft zu führen, insbesondere eine angemessene Erziehung und Schulbildung oder Berufsausbildung zu erhalten oder eine ihnen auf Grund ihrer Schul- oder Berufsausbildung zumutbare Beschäftigung zu erlangen bzw. zu sichern.

Meine somit gesetzlich verbürgte Beeinträchtigung in Bezug auf Lebenskompetenz würde selbst schriftliche Schimpftiraden auf Dauer und im Wesentlichen rechtfertigen. Da ich aber nach Erziehung, Schul- und Berufsausbildung das elegante Florett der grobschlächtigen Streitaxt in aller Selbständigkeit vorziehe, ergreife ich den Fehdehandschuh der Rechtsvorschrift nicht leidend oder gebrochen, sondern mit glühend satirischer Kampfeslust. In die Schlacht werfe ich einen Tag meines Lebens, den 1. Februar 2008.

7:00 Uhr
Obwohl ich laut Gesetz gar nicht selbständig aufstehen kann, treffe ich pünktlich an meinem Arbeitsplatz ein. Die Kolleginnen und Kollegen verweigern mir wie stets mein Recht auf Leiden und Gebrechlichkeit. Sie schütten mich, kaum dass ich abgelegt, mich gesetzt und den Computer angeworfen habe, mit Anfragen, dringenden Erledigungen und sonstigen Begehrlichkeiten zu. Endlich öffnet sich das Mail-Programm und erfreut mich gleich mit der Warnung meines im Krankenstand befindlichen Chefs, nur ja keine ungenehmigten Überstunden zu leisten. Wer denkt bei der 1,5-Mann-Besetzung eines Büros, in dem früher 3 Leute waren, schon an Überstunden? Ich müsste *gar nicht* hier sein!

8:30 Uhr
Von den mir täglich zustehenden vier Pausen gehen sich, wenn ich Glück habe, zwei aus. Heute habe ich kein Glück, denn kaum steht der vom Automaten mit viel Gurgeln und Würgen ausgespuckte Kaffee vielversprechend duftend vor mir, rauscht mein neuer Kollege mit seiner manchmal nervtötenden Begeisterung samt Mitteilung heran, ein Vertreter sei eingetroffen. Seit er mit mir arbeitet, besetzt dieser Kollege felsenfest den Spitzenplatz auf meiner persönlichen, dreiteiligen Skala: a) Anlernphase = schwierig b) Berufseinstieg = Anlernphase[2] c) Berufseinstieg + jugendlicher Überschwang = Anlernphase[3].

Seine lupenrein das c) treffende Nachricht verdirbt mir die Lust auf mein Blutdruck und Herzschlag in Fahrt bringendes Heißgetränk; mit einem Seufzer mache ich mich auf den Rückweg in mein Büro. Den Becher lasse ich stehen – erstens würde ich unterwegs ohnehin 90% seines Inhaltes verschütten, und zweitens schaut es blöd aus, einen Werkzeugverkäufer mit Kaffee in der Hand zu begrüßen. Andererseits sind mir Blödheiten dieser Art vom Gesetz her eigentlich erlaubt ... Ich sollte den Text stets griffbereit bei mir tragen, um im Bedarfsfall sofort nachlesen zu können!

9:30 Uhr
Nach einem Gespräch über japanische Lieferembargos mit dem Vertreter, neuen E-Mails, einer dringenden Anfrage aus Deutschland, in welcher eine dort arbeitende Polin Auskunft über einen spanischen Lieferanten begehrte, und einem Telefonat mit meinem noch immer im Krankenstand befindlichen Chef („Wo ist Frau T.? Sie nimmt die längste Zeit nicht ab!" – „Sie telefoniert schon lange auf der anderen Leitung." – „Mit wem?" – „Mit Herrn K." – „Der hat mich gerade angerufen, und Frau K. auch. Frau T. soll mich sofort zurückrufen, wenn sie das Gespräch beendet hat." – „Wegen Herrn K. oder wegen Frau K.?" – „Wegen beiden!") komme ich endlich zu der Arbeit, die ich mir für diesen halben Freitag vorgenommen hatte.

Bei einem wichtigen Neukunden, dessen Auftragsvolumina sich so sprunghaft ändern wie die Börsenkurse in den vergangenen Wochen, wähle ich das Jännerende mit der zeitgleich eingetroffenen Vorschau für Februar als Schnittpunkt für eine erste statistische Auswertung. Während der konzentrierten Bedarfsanalyse von weit über hundert einzelnen Bauteilen muss ich mir abwechselnd mit jugendlichem Überschwang vorgetragene, technische Details von Ständerbohrmaschinen (rechts) und die zum hundertsten Mal vorgebrachte Rechtfertigung über die richtige und auch schriftlich bestätigte Abrechnung von Provisionszahlungen (links) anhören. Irgendwann habe ich genug und will im Internet den genauen Text zu §2 SBG nachlesen – wie war das noch gleich mit der zumutbaren Beschäftigung? Aber nicht nur ich bin wesentlich und dauernd beeinträchtigt, auch die Netzwerkverbindung kennt das Gesetz und verweigert gestressten Kurzbenützern den Dienst.

11:30 Uhr
Endlich bin ich mit der Bedarfsanalyse fertig und will gerade mit den daraus resultierenden Bestellungen beginnen, da stürmt ein Lagermitarbeiter aufgeregt in mein Büro.

„Wir haben ein Riesenproblem", schnauft er außer Atem und wedelt mit einem dicken Pack Versandpapieren. „Ein slowakischer Kraftfahrer will unbedingt Ware aus Spanien abladen, hat aber weder einen

Lieferschein noch einen gültigen Frachtschein dabei. Seinen Sammelgutfrachtschein kann ich nicht unterschreiben, weil da eine andere Zustelladresse und noch mindestens zehn weitere Empfänger draufstehen."

Was nun folgt, ist ein bizarres Durcheinander von Telefongesprächen, Anschuldigungen und Lösungsvorschlägen, wobei sämtliche Teilnehmer mit Fortdauer der Diskussionen immer genervter werden. Gemeinsam mit dem Kollegen durchforste ich die Papiere nach dem Lieferschein für unsere Ware, der aber unauffindbar bleibt. Der slowakische LKW-Fahrer spricht weder Englisch noch Deutsch, weigert sich aber auch ohne Worte standhaft, zu seiner Zielspedition zu fahren, wohin der Sammelgutfrachtschein adressiert ist. Währenddessen ruft mich eine – der Stimme nach zu urteilen, sehr junge – Mitarbeiterin von eben dieser Spedition an und versucht mich mit allen ihr sprachlich zur Verfügung stehenden Mitteln zu überreden, den Fahrer doch abladen zu lassen. Als sie merkt, dass sie bei mir damit nicht durchkommt, schiebt sie die Schuld wehleidig auf den spanischen Lieferanten, der zwecks pünktlicher Anlieferung so viel Druck gemacht habe, „und überhaupt haben wir bei dieser Fahrt schon 100 Euro draufgelegt."

Buchen Sie es auf meinen Dienstgeberzuschuss, der Streit mit Ihnen kostet mich Millionen Gehirnzellen!

Ich komme nicht dazu es zu sagen, denn schon hängt die zuständige Disponentin des spanischen Lieferanten in der Leitung. Diese spricht ausgezeichnet Deutsch, was aber keine Änderung der Sachlage bringt. Ihr Angebot, den Lieferschein zu faxen, ist gut gemeint, jedoch kein Ersatz für einen an uns adressierten Originalfrachtschein. Der slowakische LKW-Fahrer weigert sich noch immer wegzufahren. Die junge Speditionsangestellte ruft wieder an, will aber nicht mehr mit mir sprechen, sondern mit dem Vorgänger in meiner Position. Dieser wird inzwischen von der spanischen Disponentin kontaktiert und verbindet das Gespräch zu meinem Apparat. Ich nehme es nicht entgegen, weil erstens mit der Spanierin alles besprochen ist und weil mich zweitens gleichzeitig ein Kollege aus dem Controlling telefonisch darum bittet, noch vor Dienstschluss in seinem Büro vorbeizuschauen.

Diesen Dienstschluss um 12:00 Uhr habe ich längst als illusorisch abgehakt. Im Hintergrund meines kognitiven Fassungsvermögens ist zwar irgendetwas von ungenehmigten Überstunden gespeichert, und kurz beschäftigt mich auch die Frage, was dazu in den Paragraphen des SBG steht. Dürfen dauerhaft wesentlich Lebensbeeinträchtige überhaupt Überstunden leisten?

14:00 Uhr
Ich stehe am Parkplatz der VW-Werkstatt meines Vertrauens und beobachte den zuständigen Meister beim Schätzen eines Blechschadens an der rechten Flanke meines GolfPlus. Der grauhaarige Mann mit Igelfrisur und rundem Gesicht, dem ich in meiner Fantasie immer die Rolle eines Kellermeisters bei den Sieben Zwergen zuordne, besieht sich die Sache von allen Seiten, geht dabei einige Male in die Hocke und murmelt schließlich: „Das ist schon einiges, was wir da zu richten haben. Zweieinhalbtausend Euro, würde ich sagen, vielleicht auch dreitausend."

„Ich muss es nicht bezahlen. Der andere war schuld", erwidere ich und gebe damit meine ungeheure Dankbarkeit für diesen Umstand nur ungenügend wieder. „Viel wichtiger ist die Frage: Wie lange wird die Reparatur dauern?"

„Vier Tage mindestens, wahrscheinlich eine Woche."

Kaum erreicht diese Auskunft mein gedankliches Informationszentrum, verfluche ich jenen bosnischen LKW-Fahrer (schon wieder ein Slawe, aber der sprach wenigstens Deutsch), den ich vor einer Woche im steirischen Ennstal überholen wollte. Da sich vor ihm noch ein LKW befand, hatte er die gleiche Idee – blöderweise genau in dem Moment, als ich schon an seiner linken Seite war.

Ich höre noch die Begründungen des Meisters, von schwierigen Ausbesserungsarbeiten bis hin zur Lacktrocknung, „und dass es ja ordentlich gemacht werden muss", bin aber schon beim nächsten Schritt, der Organisation einer autolosen Woche. Leihwagen? Fällt durch die Notwendigkeit wie durch die Gesetzesvorschrift eines adaptierten PKW aus. Öffis? Sind mir laut Gesetz nicht zumutbar (aber geh!) und in der Realität tatsächlich unpraktisch. Bleibt also nur das Taxi – sogleich stelle ich mir die langen Gesichter bei der gegnerischen Versicherung vor, wenn sie davon erfahren. Weniger erfreulich ist die Vorstellung des Gesprächs mit dem Sachverständigen. Hoffentlich weiß der nichts vom §2 SBG, sonst spricht er mir vielleicht die Fähigkeit ab, überhaupt ein Auto zu lenken. Folgerichtig hätte ich gar nicht auf der B320 bei Haus im Ennstal sein dürfen und der Bosnier hätte ungehindert überholen können. Aber zum Glück ist im Gesetz nur von selbständigem Leben die Rede. Von selbständigem Fahren steht da nichts.

16:00 Uhr
Nach selbständigem Einkauf am Bauernmarkt spüre ich zuhause die Müdigkeit und Leere, wie sie mich häufig Freitag nachmittags erwischt. Ursprünglich hatte ich mit meinem Chef vereinbart, ab 2008 freitags überhaupt nicht mehr zu arbeiten. Den verlorenen halben Arbeitstag wollte ich mit einem ganzen Tag fürs Schreiben und für die Gesundheitsvorsorge ausgleichen – speziell beim zweiten Aspekt hätten die Paragraphen des SBG wohl kaum widersprochen –, doch dann kam plötzlich mit einer neuen Aufgabe jener neue Kollege, und mein schöner Plan ging im jungendlichen Überschwang desselben unter. Leider hatte ich bei meiner Zusage noch keine Ahnung vom Wortlaut des SBG gehabt, dafür aber einen süßen Satz im Ohr: „Du schaffst das schon!" Heute weiß ich, dass der Hinweis auf den Gesetzestext die einzig richtige Antwort gewesen wäre.

Der Freitagsmüdigkeit kann ich nur auf zweierlei Art begegnen: Entweder lege ich mich hin, wache nach drei Stunden völlig desorientiert auf und zappe mich später wegen Schlaflosigkeit durchs erbärmliche Nachtprogramm, oder ich betätige mich körperlich. Letztere Wahl beschränkt sich im Winter wiederum auf Gymnastik oder einen Spaziergang. Mir ist mehr nach Musikhören als nach frischer Luft, daher gebe ich es mir in der nächsten Stunde intensiv auf meiner knallroten Turnmatte, Schmerzensschreie beim Dehnen inklusive. Bisher hat sich noch kein Nachbar über meine orgiastischen Laute beschwert. Sollte aber irgendwann jemand deshalb an meiner Tür klingeln, halte ich ihm einfach einen Ausdruck des SBG unter die Nase und sage: „Ich gehöre nicht zur Gesellschaft, deshalb darf ich außergesellschaftlich stöhnen. Und gleich als Warnung: Unter der Dusche singe ich. Laut, falsch und mit gesetzlicher Berechtigung!"

19:00 Uhr
Die Biokinematische Gymnastik hat meinen Hunger nach Endorphinen befriedigt, erfrischender Duschgesang anschließend die letzte Müdigkeit vertrieben. Aus meiner persönlichen Musicbox – deutsche, englische und italienische Lieder, deren Texte und Melodien ich stets abrufbereit habe – wurde diesmal *Thunder Road* von Bruce Springsteen

gewählt. Zu seiner Beschwörung an *Mary*, sie möge doch gemeinsam mit ihm aus dieser *Stadt voller Verlierer verschwinden*, um endlich einmal zu *gewinnen*, lässt es sich wahrlich hervorragend duschen.

Die geistige Leere ist jedoch geblieben. Selbstanalytisch habe ich sie als Wunsch nach menschlicher Gesellschaft interpretiert. Und weil sich dem Stadtmenschen verschiedene spontane Lösungsansätze dafür bieten – eines der treffendsten Argumente für mich, in Salzburg zu leben –, stehe ich nach einem kurzen Telefonat bei der Anmeldung für ein Sit&Go-Pokerturnier im Schloss Kleßheim, wo das hiesige Casino beheimatet ist.

Der zuständige *Floorman* (diesen Begriff kenne ich erst seit jenem Abend, man lernt nie aus) schüttelt erstaunlicherweise den Kopf, als ich um Zuweisung eines Platzes bitte.

„Das erste Turnier ist schon voll, Sie müssen eine Stunde warten."

„Aber ich habe für 19:00 Uhr reserviert."

„Das haben alle Teilnehmer, wir haben aber nur 5 Tische. Wenn es mehr als 50 Anmeldungen gibt, geht es nach *first-come, first-served*."

Seiner locker-flockigen Abfuhr möchte ich ein cooles *See you later, alligator* entgegenwerfen, doch er hätte wohl kaum mit dem darauf passenden *After a while, crocodile* geantwortet. Und natürlich hat der Mann Recht – in Wahrheit ärgere ich mich nur über mich selbst, weil ich zuhause eine halbe Stunde sinnlos versessen habe, um die Wartezeit im Casino zu verkürzen.

Also schlendere ich eine Weile durch die angenehm hohen Räume und beobachte die versammelte Gesellschaft der selbständig Lebenden, eine meiner Lieblingsbeschäftigungen an solchen Örtlichkeiten. Manch gestresst-verzweifeltes Gesicht vermittelt zwar den Eindruck, viel eher ein Fall für das SBG zu sein, als ich es selbst bin, aber mangelnde Selbstkontrolle steht aus unerfindlichen Gründen nicht im Gesetz.

Von der Bar aus checke ich die anwesende Weiblichkeit, aber das Casino ist für Anbandelungsansinnen – um es gleich allen männlichen Singels mit Zustandsänderungsambitionen ins Stammbuch zu schreiben – traditionell ein suboptimaler Ort. Außer zahllosen Paaren, die sich einen schönen Abend zu zweit gönnen, trifft man nur unsicher daherstöckelnde Püppchen, die von ebenso unsicheren, aber einmal im Jahr großer Max spielenden Jungspunden wie aufgebrezelte Beiwagerln mitgeschleift werden. Um nichts einfacher anzubaggern ist Typ Nummer drei: Frauen in monogeschlechtlichen Gruppen von bis zu zehn, die ihren Kolleginnenabend aus dem Stammlokal spontan ins Casino verlegt haben. Da sind möglicherweise auch den Markt beobachtende Exemplare dabei, aber welcher Mann möchte schon bei der ersten Begegnung vom versammelten Freundinnenkreis schlechte Haltungsnoten kassieren?

Singlefrauen gehen kaum allein hin; das erkannte ich schon bei meinem allerersten Casinobesuch vor vielen Jahren, und auch am heutigen Abend trifft diese Feststellung zu. Also schalte ich wieder auf Weitwinkelbeobachtung und widme mich ansonsten meinem Tonic, bis schließlich der Beginn der zweiten Pokerrunde ausgerufen wird.

20:03 Uhr
Typen, die bereits in der ersten Runde all ihre Chips einsetzen und dann verlieren, habe ich immer belächelt – und jetzt ist es mir passiert. Unglaublich, aber ich habe soeben Kreuz und Pik verwechselt! Kann es sowas geben? Da hatte ich ein gutes Blatt auf der Hand, schaute deshalb viel zu flüchtig, was im Flop liegt und nahm in vollster Überzeugung die Herausforderung zu einem All-in an. (Wer die Bedeutung dieser seltsamen Begriffe nachlesen will: Es wurde *Texas Hold'em* gespielt.) Den exakten Verlauf meiner deprimierend kurzen Teilnahme an einem Spiel, auf das ich über eine Stunde gewartet hatte, brauche ich nicht zu erläutern; es genügt, meine Leserschaft über die Schlusspointe schmunzeln zu lassen: Beim Verlassen des Saales höre ich, wie der Floorman den Dealer meines Tisches fragt: „Ist ein Spieler nicht gekommen?" Dessen Antwort wird von deutlich vernehmbarer Heiterkeit aus der Runde begleitet: „Nein, einer ist schon wieder gegangen!"

Vielleicht hätte ich das Salzburger Behindertengesetz aus dem Jahre 1981 noch einmal genau studieren sollen, ehe ich mich an den Pokertisch setzte. Ich kann zwar mit schwierigen Kollegen und verkaufswütigen Werkzeugvertretern umgehen, kann slowakische Fernfahrer und spanische Disponentinnen auf Distanz halten und bin sogar in der Lage, mit Unfallgegnern, Polizisten, Versicherungsleuten und Werkstättenmeistern sachlich über erlittene Blechschäden an meinem fahrbaren Untersatz zu diskutieren.

Eines steht jedoch fest: Beim Erkennen von drei Spielkarten, die offen vor mir liegen, bin ich leider dauernd wesentlich beeinträchtigt.

Die Post bringt allen was

Neulich konnten aufmerksame Bürger in Postfilialen quer durchs ganze Land rege Umbautätigkeiten beobachten. Die Ämter verwandelten sich in *Shops* – schon die Ankündigung dieses Faceliftings beim staatlichen Briefbeförderungsmonopolisten ließ die Tinte auf den Umschlägen gefrieren. Nicht zu Unrecht, wie das nachfolgend geschilderte Erlebnis des Chronisten beweist.

Bevor ich aber *in medias res* gehe (Merkt man, dass meine Lektorin neben Deutsch auch Latein unterrichtet?), verdient der marktschreierische Modetrend, selbst die banalste Tätigkeit in ein Einkaufserlebnis pressen zu wollen wie ein zähes Rindfleischlaberl zwischen zwei latscherte Weißbrotdeckel, einiges an Beachtung. Hier kann ich nur für mich sprechen, weil jeder Konsument selbst daran schuld ist, wenn er diesen Schwachsinn mitmacht. Trotzdem muss ich das jetzt loswerden: Ich will auf der Post keine CDs von Andrea Berg oder den Hinterkühleitner Kirtagsspatzen angeboten bekommen! Das beleidigt mein Auge und schadet durch die bloße Vorstellung des schmalzigen Gejammers meinem inneren akustischen Gleichgewicht. Malbücher und Bastelbögen gehören in die Papierhandlung, viertklassige Krimis und von Rosamunde-Inga-Uta abgekupferte Liebesschnulzen in die Wühlkiste vor dem nächsten *Libro* – oder besser direkt in den Recyclingcontainer zu den Aktien gleicher Provenienz. Und würden diese elenden Rubbellosspender nicht mehr die Budel verstellen, wäre endlich Platz für eine längst notwendige Bankomatkassa.

Danke für die Aufmerksamkeit.

Auch die Post am Salzburger Makartplatz konnte man über Monate nur durch einen Seiteneingang betreten. Der Weg zum Schalter war ein schmaler Schluf, Holztrennwände schützten vor neugierigen Blicken. *Wir bauen für Sie um!* stand auf einem Zettel und erinnerte mich frappant an die Baustellengegenverkehrsabschnitte auf Autobahnen, wo die ASFINAG mit dem gleichen Spruch versucht, die latente Angst der PKW-Fahrer, zwischen provisorischer Betontrennwand und italienischem Vierzigtonner zermalmt zu werden, mit der vagen Hoffnung auf bessere Zeiten zu mildern.

Doch eines Tages war es so weit: Der Seiteneingang wurde wieder zugemauert, die Trennwände verschwanden, die Filiale erstrahlte in neuem Glanz. Und es dauerte nicht lange, bis auch wirklich ein Glanz erschien.

Die Rundständer mit Glückwunschkarten, Walt-Disney-Videos und Andrea-Berg-CDs verstellten mir anfangs den Blick auf die wesentliche Änderung: Alle drei Kundenschalter waren von der Längsseite auf die Schmalseite des rechteckigen Raumes gewandert, dem Eingang direkt gegenüber. Nach Überwindung der wie am Leonhardimarkt zusammengewürfelten Konsumverführungen hatte man sohin sämtliche Warteschlangen gut im Blick und konnte spontan entscheiden, welche das rascheste Vorankommen in Aussicht stellte.

An besagtem Tag blieb mir diese Entscheidung erspart, denn ich war der einzige Kunde. Für Sekunden war ich ob dieser Tatsache frohen Mutes, verhieß sie doch schnellste Erledigung meines Anliegens. Bei näherer Betrachtung offenbarte sich jedoch ein unglaubliches Schauspiel, das ich wohl nur meiner Einzigartigkeit eines im Verkaufsbereich Anwesenden zu verdanken hatte.

Auf dem Schalterpult ganz links stand ein weißes Schild in Form einer überdimensionierten Tischkarte. Die darauf vermerkte Botschaft ist jedem geschäftsfähigen Österreicher geläufig:

Dürfen wir Sie an den nächsten offenen Schalter bitten. DANKE!

Nicht einmal als höfliche Frage ausgedrückt, sondern als blanke Aufforderung an die Kunden, damit gleich klar ist, wer hier das Sagen hat. Ich gehörte eindeutig zu dieser untersten Kaste der Bittsteller, also visierte mein Blick unverzüglich den mittleren Schalter an. Von einer leichten Schiefstellung des Taferls abgesehen, brachte diese Richtungsänderung nach Westen nichts Neues:

Dürfen wir Sie an den nächsten offenen Schalter bitten. DANKE!

Schon brannte die Sehnsucht nach einem Postler aus Fleisch und Blut heiß auf meiner Seele. Als ehemaliger Schachspieler jedoch dem Sprichwort verhaftet, dass man niemals eine Partie aufgeben dürfe, nur einen Brief, hielt ich es auch mit der Hoffnung so und versuchte am dritten Schalter, genau das zu tun.

Dürfen wir Sie an den nächsten offenen Schalter bitten. DANKE!

Ich war kurz davor, ein altes Kirchenlied anzustimmen: *Wohin soll ich mich wenden* ... Es gab keinen nächsten Schalter mehr, offen oder nicht. Meine Augen schalteten auf Weitwinkel zurück und erlebten so den zweiten Akt dieser satirischen Neuinszenierung unter Postregie. Hinter den drei geschlossenen Schaltern standen drei Postler, tratschend und in alle möglichen Richtungen schauend, nur nicht in meine.

Dieses Bild wurde augenblicklich auf meiner inneren Festplatte gespeichert, unauslöschbar bis ans Ende meiner Tage. Gleichzeitig stiegen sämtliche Assoziationen mit ähnlichen Erlebnissen in mein Bewusstsein: beginnend bei der schon zehn Jahre zurückliegenden, geheimnisumwobenen Änderung der Öffnungszeiten im Postamt Niederalm, der ich zugleich das Frühlingserwachen meiner Satirenschreiberei verdanke, bis hin zu einem Bericht meines Freundes Martin.

„Ich wollte nur eine 75-Cent-Marke kaufen", hatte er während einer unserer Skype-Unterhaltungen erzählt. „Am Schalter war eine Neue, wahrscheinlich frisch eingefangen. Als ich um die Marke bitte und eine 1-Euro-Münze unter der Trennwand durchschiebe, nimmt sie plötzlich einen Zettel aus der Lade, schreibt *1.00* und darunter *−0.75* auf und beginnt zu subtrahieren wie in der Volksschule."

„Vielleicht kam sie von dort", mutmaßte ich, doch die Geschichte war noch nicht zu Ende.

„Am nächsten Tag bringe ich eine Rolle mit Plakaten hin", setzte Martin fort. „Die Rechnung macht 7,80 Euro aus, ich gebe ihr einen 10-Euro-Schein. Diesmal ist sie gut drauf und gibt mir ohne Zögern das Wechselgeld heraus – 3,20 Euro." Er machte eine bedeutungsvolle Pause. „Den Rat, sie sollte vielleicht doch wieder einen Zettel nehmen, konnte ich mir nur mit Mühe verkneifen."

Ein paar Tage später und 300 Kilometer weiter nordwestlich bewies der Chronist nicht so viel Contenance. Nach Minuten, als meine verzweifelte Lage von einer jungen Angestellten mit den Worten: „Geh blöd, wir ham' goar kan' Schalter offen", doch noch bemerkt wurde, hatte ich diese Satire schon in Gedanken skizziert und sagte zu der Dame: „Die Post ist immer für eine Pointe gut, wie ich sehe."

Für diese Kundenaufmüpfigkeit erntete ich einen bösen Blick, und wegen meiner unerwünschten Störaktion wurde die Strafe noch um demonstratives Schweigen erhöht, das die Postlerin eisern durchhielt, bis sie meinen Geschäftsfall erledigt hatte. Bevor ich versöhnlich grüßen konnte, hatte sie sich schon wieder zu ihren Kollegen umgedreht.

Der glückliche Umstand, dass mein Stammcafé nur einen Steinwurf von der Postfiliale entfernt liegt, bewahrte mich vor einer tiefen staatsmonopolistischen Depression. Ich war dort mit einem Schriftstellerkollegen verabredet, und die Diskussion über neue Bücher, aktuelle Politik und das vergangene Literaturtreffen wirkte wie ein Jungbrunnenelixier. Der *Caffè Latte* samt süßer Beilage rundete die Intensivbehandlung ab, und eine Stunde später war ich vollständig geheilt.

Von Glückshormonen in Gehirn und Magen überschwemmt, sann ich auf dem Heimweg über ein leichtes Abendessen nach. Dies erinnerte mich an die Notwendigkeit, noch Brot zu kaufen, wofür mir, da die Bäckerei meines Vertrauens schon geschlossen war, nur der nächstgelegene ADEG-Markt übrig blieb.

„Abgepacktes Brot, bis zur ewigen Haltbarkeit konserviert", grantelte ich im Auto vor mich hin, aber wer sich vertratscht (das können nicht nur Frauen!), dem ist nicht anders zu helfen.

Ich entschied mich für den kleinsten Wecken im Regal, nahm auf dem Weg einen Liter Milch mit und stand nach zwei Minuten an der Kassa. Die Suderei der Frau im ADEG-Outfit über zu viel Arbeit und zu wenig Brot überhörte ich mit voller Absicht – dem Post-Trauma sollte nicht auch noch der Handelsangestellten-Blues folgen.

Vor dem Eingang standen zwei Jugendliche, die mich erwartungsvoll anschauten. Kleidung und Gesten ließen eine Frage wie „Host a Tschick, Oida?" erwarten. Als der Korpulentere tatsächlich zu mir trat und mit hingehaltenem Kugelschreiber einen Wunsch äußerte, blieb mir vor Schreck beinahe die Luft weg.

„Taten S' unterschreiben, damit 'as Postaumt in Gartenau net zuag'sperrt wird?"

Leider hatte ich gerade keine Hand frei. Zwar hätte ich mich nicht im *Klub der Freunde kleiner Postämter* engagiert, wäre aber sofort mit einer eigenen Liste aktiv geworden:

„Taten S' unterschreiben, dass, waunn in da Post olle Scholta zua san, die Tür a glei' zuag'sperrt wird?"

Geschichtsfolgen

Nach der Veröffentlichung einer Satire im Internet, in welcher ich von einer nur mit Verweisschildern auf *den nächsten freien Schalter* besetzten Postfiliale berichte, erhalte ich von einer Leserin nachfolgendes Mail.

„Lieber Hannes, ich war kürzlich am Bahnhof, um eine Fahrkarte zu kaufen. Der Schalter war unbesetzt, bis auf ein kleines Schild. Und weißt du, was darauf stand? *Bin auf der Post.* Grüße, Theresia."

Der Paprikadieb

Neulich geriet mein Freund Herbert auf unliebsame Weise mit einem Kaufhausdetektiv aneinander. Dabei hatte er nichts Verbotenes im Schilde geführt oder gar angestellt.

Schon die Vorgeschichte zu dieser Episode ist einigermaßen bizarr: Noch bevor ich ihn kannte, war Herbert eine Zeit lang der Gelbe-Paprika-Diät verfallen. Er aß diese riesigen, knackig-süßlichen Nachtschattengewächse zur Jause, zu Mittag und zum Nachmittagskaffee. Entsprechend hoch war auch sein Verbrauch, was regelmäßige Großeinkäufe in jenem Lebensmittelmarkt nötig machte, wo Mister Ano Nym seit Werbegedenken sein Unwesen treibt.

Für den geschätzten Leser mag noch die Zusatzinformation von Belang sein, dass Herbert stets liebenswürdig, aber doch ein wenig verschusselt durchs Leben spaziert.

So auch an jenem Tag, als er wieder einmal ein Zwölfernetz Paprika in seinem Wagerl hatte, dazu ein paar andere, unwichtige Kleinigkeiten. Die Warteschlangen vor den Kassen waren lang, die Kunden hektisch, die Angestellten nervös. Herbert wollte besonders kooperativ und schnell sein, um die angespannte Stimmung zu entschärfen. Er hielt seine Börse bereit und die Einkaufstasche geöffnet, damit er alles ruck, zuck verstauen, zahlen und verschwinden konnte. Das gelang ihm auch, und er atmete erleichtert die frische Herbstluft ein, als sich die automatischen Türen für ihn öffneten.

Zuhause jedoch entkam ihm ein erschrockener Schnaufer, als er das Fehlen eines Artikels bemerkte. Ausgerechnet die Gelben Paprika hatte er nicht eingepackt! Offenbar waren sie am Rand des Warenförderbandes liegen geblieben, vielleicht schon verdeckt vom nächsten, rüpelhaft nachdrängenden Kunden. In seinem Wunsch, endlich hinauszukommen, war das Netz wohl Herberts Gesichtsfeld wie auch seinen Gedanken in Sekundenschnelle entfallen.

Natürlich hätte er sofort zurückgehen und die Kassiererin auf seinen Irrtum aufmerksam machen können, aber Herbert hatte nicht die geringste Lust, sich schon wieder ins Kaufhausgetümmel zu werfen.

Die Besinnung auf einen besonderen Wochentag brachte ihm die – wie er glaubte – rettende Idee.

„Morgen gibt's das neue Fernsehprogramm für die nächste Woche, da kaufe ich mir sowieso eine Zeitung", murmelte er zufrieden. „Ich habe noch den Kassazettel, das kann also kein Problem sein ..."

Gleich nachdem sich die Türen des Marktes anderntags geöffnet hatten – für Herbert eine äußerst unchristliche Zeit – stand er wieder an einer der Kassen. Diesmal lagen nur ein neues Zwölfernetz Gelbe Paprika (das alte hatte er nicht mehr gefunden) sowie die *Salzburger Nachrichten* auf dem Förderband; die Gefahr, abermals etwas liegen zu lassen, war also denkbar gering.

Nachdem die Dame mit platinblond gefärbten Haaren beides über den Scanner gezogen hatte und einen Betrag nannte, zückte Herbert den sorgfältig verwahrten Papierstreifen vom letzten Einkauf.

„Die Paprika habe ich gestern schon bezahlt", sagte er im Brustton vollster Überzeugung. „Aus irgendeinem Grund habe ich sie aber liegen gelassen. Wenn ich Ihnen heute das Geld für die Zeitung gebe, sind wir also quitt, in Ordnung?"

Noch während er diese seiner Meinung nach vollkommen einfache und logische Vorgangsweise darlegte, hatte Herbert Gemüse und Lesestoff bereits wieder an sich genommen und hielt der Frau die vorbereiteten 1,10 Euro entgegen. Diese aber rührte keinen Finger, sondern starrte ihn mit offenem Mund an, als sähe sie einen Geist. (Bei der fülligen Körperrealität meines Freundes muss da *sehr* viel Phantasie im Spiel gewesen sein.)

„Was ist?", wunderte sich Herbert, der noch immer der Auffassung war, nur ein simples Geschäft abzuwickeln. „Bitte nehmen Sie, ich muss zur Arbeit."

Erst jetzt begriff die Platinblonde, dass dieser komische Mensch den völligen Unsinn, von dem er da faselte, wirklich ernst meinte. Das brachte ihr Autorität und Stimme zurück.

„Nein, halt, das geht nicht!", erwiderte sie und schüttelte energisch den Kopf. „Wo kämen wir da hin, wenn jeder Kunde sagen würde, er hätte schon gestern bezahlt?"

Herbert wurde langsam ungeduldig.

„Aber ich habe den Kassazettel, sehen Sie, hier!" Er hielt ihr den schmalen Papierstreifen direkt unter die Nase.

„Und wer sagt mir, dass Sie die Paprika nicht trotzdem mitgenommen haben?", insistierte die Angestellte weiter. „Bei mir waren Sie gestern jedenfalls nicht."

Ein berechtigter Einwand. Herbert blickte angestrengt zu den anderen Kassen, konnte aber die Dame vom Vortag nirgends entdecken. Schön langsam stieg Ärger in ihm hoch, besonders weil hier seine Ehrlichkeit dermaßen in Zweifel gezogen wurde.

„Ob Sie es nun glauben oder nicht", sagte er mit aller Bestimmtheit, zu der er fähig war. „Ich habe die Paprika gestern bezahlt, aber nicht mitgenommen."

„Das kann jeder behaupten!", hielt sie dagegen.

„Ich behaupte es nicht nur, es ist auch die Wahrheit."

Mit diesen Worten legte Herbert die 1,10 Euro auf das Förderband, nahm Lieblingszeitung und Lieblingsgemüse an sich und marschierte Richtung Ausgang. Das Keifen der Frau in seinem Rücken ignorierte er guten Gewissens, denn er war felsenfest überzeugt, im Recht zu sein. Kaum ignorieren ließ sich jedoch jener erstaunlich muskulös gebaute Mann, der sich ihm noch ein gutes Stück vor den automatischen Türen in den Weg stellte.

„Ich höre, es gibt ein Problem mit der Bezahlung?" Zeitgleich mit den gefährlich tief geraunten Worten zückte er eine Plastikkarte, die ihn als *Assistent der Geschäftsleitung – Kundenservice* auswies.

Für Herbert klang die Frage eher wie die rhetorisch-höfliche Umschreibung von *"Wohin willst du mit den Gelben Paprika, du dreckiger Dieb?!"* Da er sich jedoch weiterhin unerschütterlich auf der richtigen Seite des Gesetzes wähnte, hielt er seinen Vortrag von der bezahlten aber vergessenen Ware ein weiteres Mal.

„Ist aber nicht sehr originell", meinte der Mann.

„Stimmt aber", erwiderte Herbert.

„Glauben Sie, diese Geschichte ist eine Neuigkeit für mich?"

„Das kann ich nicht beurteilen." Herbert tat einen Blick auf die Uhr und seufzte. „Jedenfalls habe ich nichts angestellt und komme trotzdem zu spät zur Arbeit."

„Wo arbeiten Sie denn?", erkundigte sich der Mann und schien sogar ehrlich interessiert.

„Gleich gegenüber, bei den *Geschützten Werkstätten*."

Da verlor das Gesicht des Angestellten plötzlich alle Strenge.

„Ich glaube Ihnen", sagte er und trat demonstrativ einen Schritt zur Seite, um Herbert den Weg frei zu machen. „Noch einen schönen Tag."

Herbert wusste nicht so recht, was eben geschehen war, aber er verzichtete auf langwierige gedankliche Nachforschungen. Draußen atmete er die frische Herbstluft noch erleichterter ein als gestern.

Ob der Meinungsumschwung des Kaufhausdetektivs (denn er war wohl ein solcher) auf Herberts plötzlich rasant gestiegener Glaubwürdigkeit beruhte, oder ob er meinen Freund nur für ein armes Tschapperl hielt, weil er in der GW, dem sogenannten Zweiten Arbeitsmarkt, tätig ist, ließ sich nicht mehr eruieren. Fest steht jedoch, dass Herbert seine Paprikadiät bald nach diesem Vorfall beendete und zum gewohnten Menü *Nussini – Leberkäsesemmel – Milka Tender* vom nahe gelegenen Metzger zurückkehrte. Dieser hatte seinen ehemals so treuen Kunden schon schmerzlich vermisst und war froh, ihn wieder durch die Tür stapfen zu sehen.

Vom nach Bekanntwerden dieser Geschichte ausgeheckten Plan seiner Kollegen, Herbert nun öfter mit einem gefälschten Kassazettel vom Vortag einkaufen zu schicken, wurde letzten Endes doch abgesehen.

Der kleine Vampir

364 Tage im Jahr bin ich für die Lage meiner erdgeschoßigen Wohnung am Rande eines Siedlungsblocks dankbar – der 365. Tag ist *Halloween*. Da wird meine Tür zur ersten Anlaufstelle zahlloser Hexen, Geister und *Harry-Potter*-Imitatoren, die unter heftigster Strafandrohung Süßigkeiten einfordern. Weggehen hat an dem Abend keinen Sinn; in den meisten Lokalen der Stadt werden Partys im Stile dieses amerikanischen Konsumrauschbrauches gefeiert. Und weil ich es mir mit den Nachbarskindern nicht verscherzen will, die meine Anwesenheit (Auto vor der Tür, Licht hinter den Vorhängen) längst ausgekundschaftet haben, halte ich eine Schüssel mit einzeln verpackten Minischokoriegeln bei der Garderobe bereit und widme mich zwischen 18 und 21 Uhr einer leicht zu unterbrechenden Tätigkeit, um die Meute nicht lange warten zu lassen.

Auch in diesem Jahr läutet es pünktlich. Ich öffne und sehe mich drei Zauberlehrlingen aus *Hogwarts*, einen ins älteste mütterliche Leintuch gewandeten Geist und einem Sensenmann gegenüber, dessen aus Stanniolpapier und Holz gefertigter Furchterreger die Kapuze seines Trägers noch um gut zwanzig Zentimeter überragt.

„Süßes, sonst gibt's Saures!", schallt es aus allen Mündern, und ich verteile folgsam *Milkyway*, *Bounty* und kleine Kokoskuppeln in die erwartungsvoll geöffneten Behältnisse. Nach Entrichtung meines Obolus stürmen sie davon, bereits das nächste Opfer im Visier.

Ich will mich schon umdrehen, da entdecke ich ganz rechts einen Vampir, so klein, dass er es zuvor nicht über den unteren Rand meines Blickfeldes geschafft hat. Mit Mönchskutte, spitzen Reißzähnen und herunterlaufendem Blut steht er den Schreckensgestalten um nichts nach, aber die großen Kinderaugen starren mich so ehrfürchtig und zugleich erwartungsvoll an, dass er wohl darauf vergessen hat, in den Aufforderungschor seiner Geisterkollegen einzustimmen.

„Was sagt der Vampir?", fordere ich ihn freundlich auf.

Das Flüstern folgt Momenten des Nachdenkens: „Bitte ..."

Die guten Vorsätze, sich den Spruch richtig zu merken, kapitulieren so widerstandslos vor den anerzogenen guten Manieren, dass ich lachen muss. „Nein, *Süßes oder Saures* musst du sagen."

Er wiederholt es folgsam, und ich lasse eine Handvoll Süßigkeiten in seinen Sack fallen, was zu den großen Augen ein strahlendes Lächeln in sein Gesicht zaubert.

„Und was sagst du jetzt?"
„Danke!"
„Richtig. Viel Spaß noch, kleiner Vampir."

Er stürmt davon mit seiner Belohnung, die ihm den Magen verderben wird. Und ich schließe mit meiner Belohnung, für Sekunden in die reine Seele eines Kindes geschaut zu haben, die Tür.

Urlaub vom Staat

Neulich startete ich einen Vorgang, der jedem durchschnittlichen erwachsenen Österreicher (nicht zu vergessen, auch jeder -in) bekannt sein dürfte: Ich suchte mir einen neuen Arbeitsplatz. Üblicherweise folgt man dabei einem fixen Schema, das bis zum erfolgreichen Abschluss etwa so aussieht: a) Unzufriedenheit mit der alten Hack'n, b) Sondierung der Angebote, c) schriftliche Bewerbung, d) ein erstes Vorstellungsgespräch, e) Hoffen und Bangen, f) das zweite Vorstellungsgespräch („Sie sind im engsten Kreis ... nur noch ein paar konkrete Fragen ... wann können Sie anfangen?"), g) Zweifeln und Zögern, h) mitternächtliche Entscheidung, i) Zusage beim neuen Chef mit anschließendem Jubelschrei, j) Vorhaltungen des alten Chefs bei der Kündigung ertragen („Das ist jetzt aber sehr ungünstig!"), k) Nachfolger kompetent einschulen, auch wenn es wurscht ist, l) wohlverdienten Zwischenurlaub genießen, m) am ersten Arbeitstag geschniegelt und gestriegelt antreten.

Bevor mir die Buchstaben ausgehen, möchte ich betonen, dass es bei mir beinahe so gelaufen ist. Das hier entscheidende *beinahe* entspringt meiner Zugehörigkeit zum Kreis der förderungswürdigen Personen. Die Folgen sind meiner Stammleserschaft schon aus zahlreichen Episoden bekannt: Der Arbeitgeber kriegt zusätzliches Geld, der Arbeitnehmer nicht, jedoch geraten beide in die Fänge der Förderer. Ob Ärger, zeitlicher Aufwand und Nervenverschleiß auf der Sollseite letztendlich vom Haben ausgeglichen werden, wird wohl erst die große Endabrechnung nach meiner beruflichen Karriere zeigen.

Im konkreten Fall steige ich beim zweiten Vorstellungsgespräch ein, das noch positiver als das erste verlief und mich schon durch die Einstiegsfrage des Abteilungsleiters in größtes Erstaunen versetzte: „Wann können Sie bei uns anfangen?" Anschließend berichtete die Chefsekretärin von ihren Bemühungen, die erstmalige Beschäftigung eines Behinderten auch rechtlich wasserfest abzudichten. Also wandte sie sich an die erste Anlaufstelle in solchen Belangen, das *Bundesamt für Soziales und Behindertenwesen*, kurz *BSB*.

Das Telefonat war kurz und wenig aufschlussreich: „Der zuständige Außendienstmitarbeiter ist nicht da, und ich kenne mich nicht aus", wurde ihr beschieden, ohne den Verweis auf einen anderen Kollegen oder das Versprechen eines Rückrufs.

Nachdem mir die kurz aufwallende Erinnerung, am Beginn meines Lebens in Salzburg selbst Mitarbeiter in diesem Amt gewesen zu sein, einen bestätigenden Seufzer entrungen hatte, vermittelte ich mein sozialrechtliches Grundwissen über Urlaub, Kündigungsschutz und Pendlerpauschale. Meine angefügte Entschuldigung wegen der vielen Umstände quittierte die Frau mit einem freundlichen Kopfschütteln. „Das sind interessante Erfahrungen für uns", sagte sie nur.

Weitere sollten folgen ...

Vom schnellen Erfolg meiner eher spontanen Suche selbst am meisten überrascht, war es mir nicht mehr gelungen, in der alten Firma auch nur einen Tag Urlaub anzusparen. Ein unerwarteter Wochenendzwischenstopp auf der Intensivstation des Halleiner Krankenhauses wies mich zwar auf die Option eines Krankenstandes hin, was aber aus Kollegialitätsgründen nicht infrage kam. Um aber wenigstens eine – dringend benötigte – Entspannungswoche vor der Stunde 0 verbringen zu können, musste ich das Angebot einer vorzeitigen Vertragsauflösung unterschreiben. Eine Woche unbezahlter Urlaub ist immer noch besser als gar keiner.

Ganze zehn Tage durfte ich also im arbeitsfreien Raum schweben – ein wohliger, kurzer Schauer der Vorfreude flutete mein Gehirn, reinigend wie ein Sommergewitter. Aus dieser Welle der Sorglosigkeit tauchte aber ganz im Hinterkopf ein warnender Zeigefinger auf und schmiss meiner sonnigen Laune das Wörtchen *Versicherungsschutz!* hin. Trotzig und reaktionsschnell signalisierten die Synapsen *Bis zum Monatsersten ist alles egal!* zurück, aber der Zeigefinger wuchs über sich hinaus, erinnerte mich an die geplante Fahrt in die Steiermark und packte zum Schluss die ganz schwere Keule der sozialen Sicherheit aus: *Denk an deine Pensionszeiten!*

Eine Woche war bei noch zu erwartenden 25 bis 30 Jahren aktiver Teilnahme am Arbeitsmarkt kein wirkliches Argument, aber die vielen auf den Straßen von Salzburg nach Feldbach erlebten Verrücktheiten bewogen mich doch zu einem Anruf beim Arbeitsmarktservice, kurz AMS.

Nach Schilderung meiner Situation wurde die Auskunft vom Berater knapp, prägnant und mit so viel Selbstbewusstsein in der Stimme vorgetragen, dass ich keine Sekunde an der Richtigkeit zu zweifeln wagte: „Nein, Sie brauchen sich nicht arbeitslos zu melden. Ihr Versicherungsschutz läuft ohnehin sechs Wochen weiter, und weil sie von Ihrer bisherigen Stelle Anspruch auf anteiliges Urlaubs- und Weihnachtsgeld haben, wäre Arbeitslosenunterstützung ein gesetzeswidriger Doppelbezug, den es somit nicht gibt."

Ich bedankte mich, tief beeindruckt von dieser knackig servierten Dienstleistung. Es schien, als hätte sich den AMS-Mitarbeitern Jahre nach der Einführung doch noch der letzte Buchstabe ihrer Abkürzung erschlossen. Sogleich verschwand der Zeigefinger in meiner inneren Freiheitsflut, die mich über die letzten Arbeitstage und kurze Zeit später zu einer Almhütte ins sommerliche südoststeirische Hügelland trug. Dort pflegte ich vormittägliche Kaffeehausterrassenbesuche inklusive ausgedehntem Zeitungsstudium mit meinem Vater (die deprimierend negative Bilanz im Sudoku-Wettkampf gegen meine Mutter setze ich hier ganz bewusst in Klammern), nachmittägliche Spaziergänge und Sonnenbäder sowie die abendliche Hoffnung vor dem Fernseher, dass Deutschland bitte nicht Fußballeuropameister werden möge. Am Ende des letzten Junisonntages hätte ich also auf ein rotgelbes Fahnenmeer und eine perfekte Woche geblickt, wäre ich nicht am Mittwoch zuvor in die Fänge der schon erwähnten Förderer geraten.

Um von der Almluft nicht völlig high zu werden, führte mich an diesem Tag ein Kurzausflug nach Graz. Vor dem gemütlichen Abendessen mit einem Freund war noch genügend Zeit, um am PC meiner Schwester meine E-Mails zu checken. Außer der so üblichen wie unerwünschten Werbung für Viagra (dafür fehlt mir die Freundin), *perfekt kopierte* Schuhe von Prada (detto) und *vom Original nicht zu unterscheidende* Rolex-Uhren gab es nur eine Nachricht. Die aber stammte von der Sekretärin meines neuen Brötchengebers und hatte es in sich.

Hallo Herr Glanz,
ich habe heute mit dem Sozialamt gesprochen, und da wurde mir erklärt, dass wir keinen Zuschuss bekommen, außer Sie sind zwischen den Dienstverhältnissen 1 Woche arbeitslos gemeldet. Falls Sie eine Woche arbeitslos gemeldet sind, dann bekommen wir für 6 Monate mtl. Euro ... Ich würde diese Unterstützung für die Firma gerne in Anspruch nehmen, wenn Sie damit einverstanden sind, sich eine Woche arbeitslos zu melden.

Den ganzen Abend über versuchte ich, aus dieser Regelung schlau zu werden. Auch trotz des intensiven Wetterleuchtens auf der Rückfahrt ging mir kein Licht auf. Wieso ist eine Fördermaßnahme für einen begünstigten Beeinträchtigten – wie es so schön zungenbrecherisch heißt –, der sich wie Millionen Leute täglich auf der ganzen Welt einen neuen Job sucht, durch vorhergehende Arbeitslosigkeit bedingt, die es in der Realität nicht gegeben hat?

Glücklicherweise wurde ich am nächsten Tag aus dem schwarzen Loch meiner Unwissenheit errettet. Renate, Seelenverwandte und weise Ratgeberin seit vielen Jahren, brauchte für ihre Erklärung nach ausschweifender telefonischer Darstellung der Situation meinerseits ganze fünf Worte, von denen gar nur eines mehr als eine Silbe hatte: „Das ist für die Statistik."

„Welche Statistik?" Ich verstand nur Halleiner Bahnhof, denn das AMS liegt, wie ich mich von früheren Terminen noch gut erinnern konnte, nicht weit davon entfernt.

„Die Vermittlungsstatistik", klärte Renate mich auf. „Wenn du dich eine Woche arbeitslos meldest, können sie statistisch behaupten, einen Behinderten vermittelt zu haben, obwohl du dir den neuen Platz schon vorher selbst gesucht hast." Ich konnte hören, wie Renate an ihrer Zigarette zog. Dann lachte sie boshaft auf und fügte noch hinzu: „Damit tricksen sie ihr eigenes System aus. Manche werden das für eine Unterstellung halten, aber ich stehe dazu."

„Aber sollte das Geld nicht *entweder* an die Beeinträchtigung gebunden sein *oder* an eine Langzeitarbeitslosigkeit?", versuchte ich noch ein rationales Gegenargument, merkte aber gleich, dass ich damit auf verlorenem Posten war.

„Keiner erwartet von dir, dass du mitdenkst. Oder willst du die Sinnhaftigkeit einer öffentlichen Einrichtung in Frage stellen?" Wieder lachte sie. „Tu es einfach und freu dich über den verlängerten Urlaub."

Ich behielt den Hörer gleich in der Hand und fragte beim AMS Hallein ganz unschuldig nach dem korrekten Ablauf einer Arbeitslosenmeldung. Da ich, wie schon erwähnt, auf einer Alm im oststeirischen Hügelland saß, hegte ich die leise Hoffnung, diese Angelegenheit auch per Telefon oder Internet erledigen zu können, doch mein Gesprächspartner erstickte dieses zarte Flämmchen mit einem einzigen Satz: „Arbeitslosenmeldungen sind nur persönlich und nur am für den Hauptwohnsitz zuständigen AMS vorzunehmen."

Übersetzt für den Urlauber bedeutete das mehr als dreihundert sinnlose Kilometer – und wenn ich während der so gewonnen Tage nicht an Depressionen über das österreichische Sozialwesen in meiner kleinen Zweizimmerwohnung zugrunde gehen wollte, auch wieder den gleichen Weg zurück.

„Und wer denkt daran, *mich* bei den Spritkosten zu fördern?", wollte ich auf die nicht unbedeutende Aufwandsnebenwirkung hinweisen, doch der Mann hatte schon aufgelegt.

Mit leichtem Gepäck machte ich mich direkt von der Almhütte auf den Weg, verfuhr mich (was bei mir auf jeder neuen Strecke mindestens einmal vorkommt), erreichte mein Zuhause aber noch rechtzeitig, um die Deutschen im EM-Finale gegen die Spanier verlieren zu sehen. Ein kleiner Trost in diesen an Prüfungen reichen Tagen ...

Die Dame in der AMS-Stelle Hallein war sehr freundlich, unser Gespräch sehr kurz. Unterboten wurde die Zeitspanne noch vom Ausfüllen des Antrags. Eine Kontonummer, zwei Unterschriften, und die Sache war erledigt. Nach nicht einmal zehn Minuten stand ich wieder vor der Tür, und wäre da nicht der Servicetermin für meinen GolfPlus gewesen, den ich eigentlich hatte absagen wollen, hätte ich mich gleich volley wieder aus dem Staub gemacht. Stattdessen lieferte ich mein Auto ab, damit es mich nicht mehr vor jeder Fahrt mit der flehendlichen Aufforderung *Service jetzt!* willkommen hieß, verdrängte die zu erwartenden Kosten aus meinem Kopf und ließ mich vom VW-Shuttlebus zu einem schwer verdienten, ausgiebigen Frühstück ins Café Classic chauffieren. Die restliche Zeit bis zur Fertigstellungsmeldung verbrachte ich in meiner geliebten Salzburger Altstadt, zwischen dem kleinen Glück einer Melange beim Tomaselli und dem großen Glück zu wissen, dass das eigene Uhrwerk des Lebens nicht stehen bleibt, auch wenn man sich manchmal wie zwischen zwei Rädchen eingeklemmt fühlt.

Nüchtern betrachtet, schloss die Episode mit einem klassischen Win-Win-Win-Ergebnis. Mein Arbeitgeber bekam eine Förderung, ich eine Woche Urlaub vom Staat und das AMS einen Pluspunkt in seiner Statistik. Dreimal möge meine geschätzte Leserschaft nun raten: Der Weg zu welcher dieser Erfreulichkeiten war nicht ganz schwindelfrei?

Echte Prüfung

Zur ersten echten Prüfung an meiner neuen Arbeitsstelle wurde nicht das anfangs fremde Betätigungsfeld, auch nicht die etwas rustikal anmutende Treppe. Richtige Standfestigkeit beweisen muss man – darauf würden Sie nie im Leben kommen – beim gemeinsamen Mittagessen mit den Kolleginnen und Kollegen.

Da gibt es eine Dame mit Kelomat-Gefühlen, wer seine Mahlzeiten nicht beim Hauslieferanten bestellt, wird coram publico als Abtrünniger denunziert, und Gerüchten zufolge bestimmte die Qualität des Essens am Entscheidungstag über meine Anstellung. (Ich werde mich ehestmöglich beim zuständigen Koch bedanken, dass er meine Haut gerettet hat.) Besonders schlimm traf es einen griechischen Kollegen, der zur Einschulung bei uns weilte und angesichts des frisch geriebenen Krens zum Wurzelfleisch fragte, wie viel davon man denn üblicherweise nehme.

Markus, ein bayerischer Technikerbube (diese Diktion stammt nicht von mir, sondern von einem Kunden, der am Telefon rigoros verlangte: „Geben S' mir einen von den Technikerbuben!"), meinte im überzeugendsten Dialekt: „Jo mei, des konnst essen wia an Parmesan."

Nachdem der Grieche mehr Tränen vergossen hatte als manche Zuseherin bei einer Rosamunde-Pilcher-Schnulze, brachte er mit hochrotem Gesicht hervor: „Das war jetzt aber nicht nett."

Die Replik kam aus der weiblich dominierten Tischseite und vermittelte mir zugleich das offensichtliche Motto meiner neuen Kollegenschaft: „Wir sind so, aber wir können nix dafür!"

Ein paar Tage später diskutierten die Techniker, wer dazu verdonnert werden sollte, einen Kunden in Wien zu besuchen. Martin weigerte sich strikt mit den Worten: „In die Steiermark fahre ich, die Steirer sind wenigstens nur deppert. Aber die Wiener ..."

Aus irgendeinem Grund musste sich mein Gesicht bei der Überlegung, wie das Wörtchen *nur* in diesem Zusammenhang zu bewerten sei, aschgrau verfärbt haben, denn er schaute mich groß an und fragte: „Kommst du etwa aus der Steiermark?"

Ich nickte stumm. Die Frage, welchem Techniker in Hinkunft die Steirer zugemutet werden, wurde seither vor meinen Ohren nicht mehr erörtert.

Doch nicht nur bei den Kollegen, auch im Alltagsgeschäft heißt es Obacht geben. Als einprägsames Beispiel dienen hier die Faxe eines Kunden, welche mit einer über die ganze Seite gezogenen Warnung versehen sind: ACHTUNG!!! NEUE FAXNUMMER!!! AB DEM 1. JULI 2005!!!

Schriftsteller-Erpressung

Wie leicht erpressbar Schriftsteller sind, zeigt der nachfolgende Chat mit meiner kroatischen Freundin Marija. Sie ist Englisch-Lehrerin und kann es deshalb nicht lassen, mich ständig zu korrigieren.

M: „Du darfst mich nur besuchen, wenn du eine deiner Satiren für mich ins Englische übersetzt."
H: „Das ist Erpressung!"
M: „Ja. Ich bin eine Frau – was hast du erwartet?"
H: „Was kriege ich dafür?"
M: „Ich werde deine Übersetzung korrigieren, und dadurch wird sich dein Englisch verbessern ... na gut ... vielleicht schmeiße ich auch noch irgendeinen Kuchen ins Backrohr."
H: „Jetzt habe ich aber wirklich laut lachen müssen! Tagelange Arbeit für eine Korrektur und ein Stück Kuchen? Dann muss es aber ein guter Kuchen sein."
M: „Dafür sollte die Geschichte aber auch gut sein. Ich werde zwei Kuchen machen, einen hervorragenden und einen So-la-la-Kuchen."
H: „Für zwei Geschichten?!"
M: „Hängt davon ab, wie gut deine Geschichte ist. Einen von den zwei Kuchen kriegst du dann ..."

Schon in der darauf folgenden Nacht hatte ich Albträume, in denen mir Marija ein pampiges Etwas vorsetzte, das ich nur durch die in Zuckerguss gehaltene Aufschrift *So-la-la* als Kuchen identifizierte. Weil ich die Dame aber unbedingt besuchen möchte, quälen mich meine Geschmacksnerven bestimmt so lange, bis ich einen Intensiv-Übersetzungs-Lehrgang für Satiriker bei Berlitz buche.

Auf der Nachtseite

Neulich verspürte ich den kurzen aber heftigen Wunsch, Politiker zu sein; oder zumindest Werbetexter für Politiker. Angehörige dieser zwei Berufsgruppen dürfen nämlich, was anderen mitunter bei Strafe verboten ist: Schmäh führen. Und zwar so hemmungslos, dass namhafte Politikwissenschaftler bereits von der Etablierung einer neuen Kunstform sprechen.

Wer von beiden wen erstmals dazu anstiftete, konnte vom Chronisten nicht mehr eruiert werden. Wie die philosophische Frage nach Henne und Ei verliert sich das in der Geschichte und soll in dieser Geschichte auch keine Rolle spielen.

Es geschah auf meinem alltäglichen Weg zum Mittagessen in die Betriebskantine. Die fünf Minuten bringen mich zwar nicht unbedingt an die *frische* Luft – die vierspurige Fürbergstraße staut sich vor Lachen bei dieser Formulierung –, aber ich kann mir ein bisschen die Beine vertreten und setze mich auch mit anderen Gedanken zur Suppe als mit solchen an die mitunter endlos lange Leitung des Obereinkäufers unseres Hauptkunden, der meine Nerven brüchig werden lässt wie eine zu dünne Bleistiftmine.

Im Gegensatz zu einigen Kollegen, die aus unerfindlichen Gründen die Fürbergstraße an jeder möglichen Stelle queren, nur nicht an der dafür eigens dort aufgestellten Ampel, nehme ich stets den vorgeschriebenen Weg. Dies erspart mir unnötigen Stress, dem Roten Kreuz einen überflüssigen Einsatz und dem Koch nagende Selbstzweifel, warum ich trotz Anmeldung nicht zum Essen erscheine. Neben Gehsteig und Ampel befindet sich eine kleine Grünfläche, die schon seit jeher mittels Plakatständern für diverse Werbeaktivitäten genutzt wird. Meistens liest man da von Katzenfutter, einem neuen Multifunktionshandy oder klein gedruckten Ankündigungen der chronisch untersubventionierten Freien Theaterszene Salzburgs. Ich habe noch nie jemanden gesehen, der die vermerkten Termine eingehend studiert hätte. Nach der keine fünf Meter entfernten großformatigen Netrebko drehen sich aber alle (Männer) um, bis ihnen der Hexenschuss in den Nacken fährt. So viel zu Prioritäten.

Wenn man aber auch ohne russische Operndiva auffallen will, weil die gerade keine Zeit, keine Lust oder ein beleidigtes Goldkehlchen hat – über die Frage, ob ihre Absage den Festspielen geschadet oder genützt hat, werden die Leserbriefschreiber der *Salzburger Nachrichten* bis zur Eröffnung der nächsten Saison diskutieren –, muss man eben improvisieren. Gleiches gilt für Politiker, die in Zwischenwahlzeiten versuchen, ihren Marktwert durch Imagekampagnen im öffentlichen Raum ein bisschen aufzupolieren.

Mit diesem Vorsatz ging Harald Preuner, Fraktionsvorsitzender der ÖVP im Salzburger Gemeinderat, ans Werk. Er griff sich das vom Übervater Bruno Kreisky verfasste Standardwerk *Wie man Politiker wird und das auch bleibt,* schlug das Kapitel *Wie mache ich Werbung für mich und meine Partei* auf und folgte streng den dort vermerkten Anweisungen.

1. <u>Wahl des richtigen Themas:</u> Schon der Einstieg bereitete Preuner einiges Kopfzerbrechen. Mit den Aufregern des aktuellen Stadtgeschehens hatte er persönlich nichts zu tun. Die Festspiele waren wie jedes Jahr fest in der Hand von Helga Rabl-Stadler, und auch von der Bomben-und-Granaten-Niederlage bei der Vergabe der Olympischen Spiele war nicht viel mehr übrig geblieben als eine nach Russland exportierte Portion beleidigte Leberwurst, deren schaler Nachgeschmack in der sengenden Hitze dieses Sommers nicht lange hielt. Also ging Preuner in den Keller, stierlte ein bisschen in der Kühltruhe eingefrorener Themen und wurde tatsächlich fündig: das Spaßbad! Hinter diesem unsäglichen Namen verbirgt sich eines der vielen heiß umfehdeten, wild umstrittenen, aber nie verwirklichten Bauvorhaben der Stadt. Die Anhäufung ist schon Legende, manche Klassiker sind berühmt-berüchtigt: Museum im Berg, Garage im Berg, Garage unterm Platzl, Lokalbahn unterirdisch bis unters Platzl und so weiter. All das taucht zyklisch immer wieder auf, je nach Jahreszeit und Politikergesinnung. Und weil Spaß und Baden ins Sommerloch passten wie die Faust aufs Aug' des Wählers, packte Preuner die Gelegenheit beim Schopf, klappte die Kühltruhe zu und legte los.
2. <u>Visuelle Umsetzung:</u> Zurück im Erdgeschoß der politischen Strategie, begab er sich auf die Suche nach einem echten Hingucker,

wie unsere deutschen Freunde so treffend sagen. Die konsultierte Werbeagentur riet zu himmelblauem, von Wellen gekräuseltem Wasser, doch das war dem eifrigen Stadtpolitiker nicht plakativ genug. Er besah sich einige Einschaltungen der Konkurrenz, lief an unzähligen Anna-Netrebko-Aufmachern vorbei, doch die rechte Idee wollte sich nicht so recht einstellen. Also wieder back to the roots, das Politikerhandbuch des großen Alten aufschlagen: *Parteipolitische Werbung muss nicht den Intellekt ansprechen, sondern den Instinkt – Sex sells!* „Das klingt ja einfach!", frohlockte Preuner zunächst, kam aber nach einigen Überlegungen (und einem Trockentraining vor dem Schlafzimmerspiegel) doch wieder davon ab, im Bade-Tanga am 3-Meter-Brett zu posieren. Außerdem sollten die Instinkte bei allen Wählern geweckt werden, auch bei solchen, deren Gefühlszentrum etwas weiter nördlich der Körpermitte angesiedelt ist. Dort kitzelt man am besten mit einem Thema, dem sich keiner entziehen kann, meist aus Herzens-, manchmal aber auch aus sorgerechtlichen Gründen: die Kinder. Bürgerinitiativen machen sich die fotogene Zugkraft unserer Kleinsten schon seit Jahren auf schändliche Weise zunutze: Wo immer eine Lärmschutzwand gebaut, ein Handymast verhindert oder die Feinstaubbelastung eingedämmt werden soll, wird eine Gruppe Zwei- bis Zehnjähriger zusammengetrommelt, um beim Fototermin die wehrhaften Staatsbürger ins rechte Licht zu rücken, nach dem Motto: Wir veranstalten den ganzen Aufstand nicht für uns, sondern für die Kinder, die uns am Herzen liegen. Diese werden unter Androhung von Fernseh- und Playstation-Entzug dazu genötigt, so angefressen wie nur möglich dreinzuschauen, es macht klick, und schon haben sie ihre Schuldigkeit getan. Der erste Preis für eine derartige Propagandaaktion gebührt dem Bürgermeister von Bad Vigaun im Tennengau, der zur Verhinderung eines volksverderbenden Swingerclubs kurzerhand das Nachbargrundstück in einen Kinderspielplatz umwidmete. Dafür brauchte er die Kinder nicht einmal – das nenne ich Politik in ihrer reinsten Form! Nun aber zurück zu unserem wackeren ÖVP-Mann Harry Preuner. Kaum hatte er seinen Vorschlag den Profiwerbern präsentiert, war der Rest ein Klacks. Eine herzige Volksschülerin, natürlich mit geflochtenen Zöpfen, wurde in einen blau-weiß gestreiften Badeanzug gesteckt und

mit einem rot-weiß gestreiften Wasserball beglückt. Aus seligen Äuglein strahlte sie den sonnengebräunten Onkel Harry an, und jeder Betrachter wusste sofort: Der Vizebürgermeister würde ihr den sehnsüchtigen Wunsch nach einem Spaßbad erfüllen, kostete es, was es wollte!
3. Politische Botschaft: Was jetzt nur noch fehlte, war ein markiger Spruch, um Preuners ambitionierten Einsatz in der Sache im Stammhirn des Wählers zu verankern, wenn möglich bis zur nächsten Gemeinderatswahl. Er dachte lange nach, kam ins Grübeln und versank schließlich in einer ausgewachsenen Depression. Die einzig wirksame und für Werbeplakate zulässige literarische Gattung hieß *Wahlversprechen*, das hatte man schon vor Bruno Kreisky gewusst. Dass aus Versprechen später oft Versprecher werden, stört am Tag nach dem Urnengang niemanden mehr. Preuner konnte aber kein Versprechen affichieren lassen, denn es standen keine Wahlen an – das *Nachher* würde also erst in einigen Jahren eintreten und war daher für den Bürger ungefähr so interessant wie eine Rede von Peter Westenthaler zur Erhaltung des Deutschösterreichertums. In seiner tiefen Verzweiflung machte er einen langen Spaziergang durch die Stadt. Vor dem *Haus für Mozart* wollte er als letzten Ausweg um eine göttliche Eingebung flehen und hob seinen Blick in den Himmel. Da blieben seine Augen am Leitspruch der Festspiele hängen, der in überdimensionierten Lettern an das schmucklose Gebäude getackert war: **Auf der Nachtseite der Vernunft.** Preuner betrachtete die Worte, kombinierte alle möglichen Bedeutungen und kam zu dem Schluss, damit müsse das Gegenteil, also der indirekt proportionale Wert gemeint sein. Auf der Nachtseite der Vernunft standen die Festspiele (nach inoffizieller Meinung vieler Besucher nicht erst seit jenem Jahr, sondern spätestens seit der Intendanz von Gerard Mortier), auf der Nachtseite des Versprechens steht die Hoffnung. Und genau diese wollte Preuner den Salzburgern mit seinem Spaßbadplakat zurückgeben. Er düste zur Werbeagentur, ließ den Blick des kleinen Mädchens im gestreiften Badeanzug von selig auf hoffnungsvoll umbasteln und legte ihr die knallharte Frage in den Mund: „Harry, wann kommt unser Bad?" Ein direkter Treffer, der würde sämtliche Herzen wie Butter erweichen. Und er, Harald Preuner, sollte als einziger Hoffnungsträger

aufrecht dastehen mit den Worten: „Wenn es nach mir geht, sofort! Packen wir's an!"

Wo ich nun so viel gelernt hatte über die schlafraubenden, nervenzerfetzenden und bis zur Selbstaufgabe Energie kostenden Entstehungsprozesse von politischer Werbung, tat es mir fast bis in die Seele weh konstatieren zu müssen, dass dem Plakat wohl kein durchschlagender Erfolg gegönnt sein würde. Diese erst unbestimmte Ahnung steigerte sich zur Gewissheit, als ich mir im Internet die Mandatsverteilung im Salzburger Stadtgemeinderat buchstäblich vor Augen führte: SPÖ 19, ÖVP 9, Bürgerliste 6, FPÖ 2, Freie Mandatare 4.

Wäre ich das Mädchen auf dem Plakat, müsste ich angesichts solcher Realität meine Äuglein traurig niederschlagen. „Leider geht es nicht nach dir, lieber Harry. Statt anzupacken, solltest du dich lieber irgendwo festhalten, damit du als Nichtschwimmer im Erwachsenenbecken keinen Schaden nimmst. Apropos, ich probier's mal beim Bürgermeister."

Somit ist wieder einmal der Beweis erbracht, dass man trotz bester Vorsätze und größter Anstrengung auf der Nachtseite der Vernunft landen kann. Dort befinden sich derzeit nicht nur Harald Preuner und die Festspiele, sondern offenbar auch der Meteorologe der *Salzburger Nachrichten*. Seine Vorhersage für das aktuelle Wochenendwetter, an dem ich dies schreibe, lautet: *Bei Sonnenschein sind einige Gewitter möglich*.

Da fällt mir doch gleich der passende Slogan für Preuners Nachfolgekampagne ein: „Harry, wann kommt das nächste Gewitter?" – „Wenn es nach mir geht, sofort! Packen wir's an!"

Gesprächsmultitasking

Mit wachsendem Staunen folge ich der Unterhaltung zweier Kolleginnen. Ihre Themen entsprechen dem weiblichen Spektrum und wären sohin Anlass für mich, auf Durchzug zu schalten. Mein Aufmerksamkeitspegel erklimmt jedoch lichte Höhen, als ich feststelle, wie ansatzlos die beiden Damen es schaffen, von einer Materie zur nächsten zu springen.

Zur Erklärung: Wenn Männer beispielsweise über Fußball reden, dann tun sie das eine Halbzeit lang, oder bis einer sagt: „Was anderes: Hast du die neue Nachbarin schon gesehen? Zum Anbeißen, wenn du mich fragst." Nach einem kurzen Kommentar („Nein / Wirklich zum Anbeißen / Nicht mein Fall") kehren sie wieder zum Ursprung ihrer Unterhaltung zurück, klar und geradlinig.

Was sich jedoch vor meinen Ohren abspielt, artet bald zum Cerebralorientierungslauf aus, und nach ein paar Minuten bin ich im Labyrinth der Richtungswechsel hoffnungslos verloren. Es geht los bei der höchst fragwürdigen Punkteverteilung von *WeightWatchers* für verschiedene Speisen und schlägt gleich darauf den ersten unerwarteten Haken: „Warum hat die Konditorei X eine viel bessere Schwarzwälder-Kirsch-Torte als das Café Y?" (Wobei hier wenigstens der übergeordnete Begriff *Lebensmittel* erkennbar ist.) Die Quadratur des Tortenkreises ist nach meinem Ermessen noch lange nicht erschöpfend diskutiert, da katapultiert es mich aus der nächsten Haarnadelkurve: „Übrigens finde ich es unfair, dass dein Friseurtermin sechs Stunden früher ist als meiner." Und mit dem nächsten Atemzug: „Stell dir vor, ich habe mir ein neues Dirndl gekauft." Nur meine gute Erziehung verhindert, dass ich mit offenem Mund dasitze. Bis in die Haarspitzen fasziniert mich dieses Gesprächsmultitasking in Reinkultur – ich selbst stecke noch immer in der Schwarzwälder-Kirsch fest.

Kein Mann wäre je zu einem solchen Verbalzickzack fähig – eine traurige Erkenntnis als Rettungsanker. Denn bei der nächsten weiblichen Machtdemonstration dieser Art werde ich mich in die Buchhaltung verziehen. Die ist zwar ebenfalls ausschließlich mit Frauen besetzt, verfügt jedoch über einen gediegenen Vorrat an Süßigkeiten, dem ich mich, den Schalter einmal auf Durchzug gestellt, in aller Ruhe widmen kann.

Wenn die Idylle stresst

Winteridylle

Lassen Sie sich vom netten Titel dieser Geschichte nicht täuschen. Das ist kein romantisches Rote-Nasen-Schneeballschlacht-Weihnachtsbaum-leuchtende-Augen-und-Patschen-am-Kaminfeuer-Märchen. Was Sie hier in Händen halten, ist die schonungslose und detailgetreue Tagebuchaufzeichnung eines vom Schicksal Gebeutelten. Der Gebeutelte bin ich selbst, und das Schicksal lautet: Wintereinbruch.

Um keinen falschen Eindruck aufkommen zu lassen: Ich habe nichts gegen den Winter. Ich kann ihn ja sowieso nicht ändern. Manche seiner Seiten mag ich sogar, wie etwa dieses schöne Weiß, das alles bedeckt, die reine Luft nach frischem Schneefall, die angenehme Wärme, wenn man von draußen nach drinnen kommt ... Er hat schon auch sein Gutes.

Was ich weniger mag, ist der rasant ansteigende Gefahrenpegel für Leib und Leben in dieser Jahreszeit. Dabei handelt es sich um zwei für meine Existenz entscheidende Dinge: meinen Leib und das Leben meines Autos. Beide sind wir der Unbill von Matsch, Schnee und glattem Eis mit einer derartigen Vehemenz ausgesetzt, dass es kein Entrinnen gibt. Doch wir halten eisern zusammen und nehmen Jahr für Jahr im November den Kampf gegen die weiße Übermacht auf. Um jeden Autokilometer auf mit Eis unterlegter Schneefahrbahn und um jeden Schritt zu Fuß auf von der Straßenverwaltung am Gehsteig zusammengeschobenen Schneewehen streiten wir mit dem Giganten, der mir manchmal aus der Hölle zu stammen scheint, nichts desto weniger aber vom Himmel herabfällt. Bis vor wenigen Wochen habe ich mich zusammen mit meinem treuen Gefährten – der am Beginn des dritten Jahrtausends nicht mehr Rosinante heißt, sondern VW Golf – auch sehr tapfer geschlagen. Manche Schlachten in der nun schon Jahre langen Auseinandersetzung konnte ich sogar ganz allein für mich entscheiden, wie etwa in jenem denkwürdigen Winter, in dem es mir gelang, trotz des extrem rutschigen Untergrunds nicht ein einziges Mal hinzufallen. Das war für mich ein heiliger Triumph, in dessen Sonne ich mich bis zum nächsten Polartief (und also nächsten kapitalen Stern) wohlig aufgehoben fand.

Dann aber ereignete sich jener Tag, von dem hier die Rede sein soll. Die nachfolgenden Seiten sind nichts für Zartbesaitete. Das Blut wird in Ihren Adern gefrieren – weil es draußen so kalt ist und weil die Art und Weise, in welcher das Imperium zurückschlug, gnadenloser nicht sein konnte.

Morgenstund' tut Schneefall kund

Es gibt da diese Mischung aus Weihnachts- und Kinderlied namens *Leise rieselt der Schnee*. Der Song ist weder für Breakdance geeignet noch eine besondere lyrische Perle, und der Schlusssatz verliert seine Gültigkeit spätestens dann, wenn man Geschenke aus eigener Tasche bezahlen muss. Eines aber hat das Lied für sich: Es ist wahr.

Der Schnee rieselt tatsächlich leise. Er schleicht sich an, lautlos, verräterisch, und meist in der Nacht. Selbst der geschickteste Spion im Kalten Krieg (welch passender Name!) hat auf seinen Erkundungstouren bestimmt mehr Lärm gemacht als jener weiße Unglücksbringer, den nicht einmal die mit Radar ausgestatteten Fledermäuse kommen hören.

Trotzdem gibt es ein Geräusch, das mir seine Ankunft bewusst macht. Und zwar noch lange, bevor ich die Vorhänge zurückschlage und mit verschlafenem, halb verklebtem Blick der weißen Gefahr buchstäblich ins Auge sehe.

Kratz, kratz. Davor kann man sich nicht verschließen. *Kratz, kratz.* Untrüglich, grauenhaft, eindeutig. *Kratz, kratz.* Um nichts in der Welt möchte ich mein Bett verlassen. *Kratz, kratz.* Wenn diese Laute sprechen könnten, würden sie sagen: *Schneeschaufeln bei der Arbeit. Kratz, kratz, kratz, kratz ...*

Und damit bin ich endgültig bei jenem denkwürdigen Dienstag angelangt. Der dissonante Klang war nicht nur der erste, den ich vernahm, ich wurde sogar von ihm aufgeweckt. Was heißt geweckt: aus dem Schlaf gerissen! Das ist viel schlimmer, als im Radio zur Begrüßung *Shiny Happy People* hören zu müssen, zu einer Tageszeit, die nach eigenem Empfinden den Datumssprung erst seit einer Viertelstunde hinter sich haben konnte.

Der Blick auf den Wecker belehrte mich natürlich eines Besseren: Eine Minute vor sechs. Ich zwang meine linke Hand aus der schützenden Wärme der Decke zum Schalter über dem Zifferblatt, um wenigstens das nervtötende *Piep-piep* zu unterbinden, welches in Sekunden ertönen würde. Leider zielte ich aber zu tief und stieß den Wecker mit den Fingerspitzen vom Nachttisch. Noch bevor ich mir wünschen konnte, das verdammte Ding möge sich beim Aufprall doch selbst den Schalter hinuntergedrückt haben, hörte ich es schon. *Piep-piep-piep ...* Niemand hat mich lieb.

Na toll. Erst die fröhliche Kunde vom Neuschnee, und jetzt das. Zwei Niederlagen innerhalb einer Minute. Um sechs Uhr morgens. Der Tag hatte so schlecht angefangen, dass ich es gar nicht erwarten konnte, den Rest zu erleben.

Und es ging gleich munter weiter. Vom morgendlichen Harndrang ins Bad getrieben, stellte ich dort mit sprichwörtlichem Schaudern fest, dass ich am Vorabend vergessen hatte, das Fenster zu schließen. Statt dem kleinen Schildchen *Bad/WC* hätte genauso gut *Willkommen in Sibirien!* auf der Tür stehen können. Die Verrichtung der Notdurft wurde, nahm sie auch nicht viel Zeit in Anspruch, so zu einer realen Notsituation.

Ungewohnt lange brauchte ich zum Anziehen. Normalerweise schaffe ich es samt Schuhen in etwa fünfzehn Minuten, wenn ich gut drauf bin, auch in zehn. An diesem Morgen jedoch waren meine Gelenke steif wie selten, aber nicht aufgrund meines Naturells, sondern aus reinem Unwillen, gepaart mit Kälteempfinden. (Es klingt unglaublich, aber ich kann das auseinanderhalten.) Eine geschlagene halbe Stunde nahm die Prozedur in Anspruch, ehe ich, von dieser Anfangsstat des Tages schon erschöpft wie nach acht Stunden Arbeit im Büro, in meine Küche stapfte, um Teewasser aufzusetzen.

Kein Brot. Meine Vergesslichkeit hatte nicht nur im Bad verheerende Folgen, sondern auch für mein Frühstück. Prinzipiell war ein Kilowecken vorhanden, jedoch nur im Gefrierfach meines Kühlschranks. Also musste ich das kochende Teewasser wegschütten und mit einem Teller Cornflakes vorlieb nehmen, die man ja nur mit Milch aus selbigem Kühlschrank verzehren kann, ohne Brechreiz zu bekommen.

Kaltes Wetter – kaltes Klo – kaltes Frühstück. Das Schicksal kannte viele derartige Variationen, und ich ließ keine aus. Nicht eine einzige.

Durch diese hohle Gasse muss ich kommen

Als ich später meine Wohnungstür von innen öffnete und in die noch immer vollkommene Dunkelheit hinaustrat, wurden mir sofort zwei Dinge klar: Mein Gehör hatte mich nicht getäuscht, und die Fahrt zur Arbeit würde lang werden – im besten Fall. Den schlechtesten Fall wollte ich mir zu diesem Zeitpunkt gar nicht ausmalen.

Bevor ich die Fahrt in die Stadt überhaupt antreten konnte, galt es zuallererst, die Treppe hinunter in die Tiefgarage zu meistern. Meine Wohnung liegt winterstrategisch zwar ideal (gleich neben der Kellerstiege im Erdgeschoß), doch man muss zur Straße und wieder zurück zum Haus gehen und dabei ein gichtiges Bäumchen umrunden, das aus ein paar verhungerten Sträuchern ragt, nur weil sich irgendein von sommerlichen Fieberträumen geplagter Architekt diese seltsamen kleinen Grünflächen eingebildet hatte. Schon den Namen kann ich nur als reinen Zynismus deuten. Im Salzburger Winter gibt es nichts anderes als Weißflächen, jedenfalls außerhalb befestigter, wehrhafter Gebäude.

Die paar Schritte zur Straße waren kein Problem. Dank eines speziellen Deals mit den Leuten, welche die Schneeräumung in unserer Siedlung durchführen, war mir nicht nur der Zugangsweg freigeschaufelt worden, sondern auch der Parkplatz vor meiner Wohnung. *Kratz, kratz*, Sie erinnern sich.

Schwieriger wurde es da schon an der Straße, wo sich der Schneepflug bereits seiner Aufgabe gewidmet hatte. Der in diesem Zusammenhang durchaus vorhandene und auch lobenswerte Fleiß der Öffentlichen Verwaltung hatte für mich katastrophale Auswirkungen. Gut fünfundzwanzig Zentimeter hatte es über Nacht geschneit, und so sah ich mich einem zusammengeschobenen Schneeberg von mindestens einem halben Meter Höhe gegenüber. *Ein bisschen noch, und ich könnte einen Eispickel in die senkrechte Wand vor mir schlagen*, dachte ich voll blanker Ironie, bevor ich mir zu überlegen begann, wie ich den Berg wohl am ehesten bezwingen könnte.

Auf meine akrobatische Darbietung, die irgendwo zwischen Ballett und Hochseilakt anzusiedeln war, möchte ich nicht näher eingehen. Stellvertretend ein Bild, um das Geschriebene jenen Zeitgenossen zu verdeutlichen, die meine Erzählung für übertrieben halten. Wenn ich auf gefrorenem Schnee oder Eis oder beidem gehen muss, so ist das ungefähr, als müssten Sie die olympische Bob- und Rodelbahn in Innsbruck-Igls hinuntergehen, mit ledersohlten Schuhen und einer Aktentasche in der Hand. Und das nicht im Sommer – Sie verstehen? Aber ich schaffte es. Mit viel gutem Willen, einigen stummen Drohungen gegen die Eisheiligen und einer gehörigen Portion Glück. Als ich mir wieder festen Untergrunds sicher sein konnte, schwoll meine frierende Brust kurz vor Stolz, im heutigen Duell gegen Goliath einen ersten Treffer gelandet zu haben.

Die Treppe zur Tiefgarage war natürlich im Gegensatz zu den gerade ausgestandenen Gefahren wie Sturz, Knochenbruch oder Schnee im Gesicht das reinste Kinderspiel. Trotzdem hat auch sie ihre Tücken, denn das Geländer ist nichts anderes als ein Rohr aus Eisen. Auf Handschuhe musste ich aufgrund des möglichen Abrutschens verzichten. Außerdem hatte ich sie ohnehin in der Wohnung vergessen, und zurückzugehen erschien mir wenig ratsam.

Also griff ich mir in kältemutiger Verachtung die Eisenstange – und war froh, sie kurz vor der Kellertür wieder loslassen zu können. Meine Hand war nicht daran festgefroren, obwohl sie sich schon irgendwie danach angefühlt (oder besser: *nicht mehr* gefühlt) hatte. Nun weiß ich auch, warum die Worte *Eis* und *Eisen* so ähnlich klingen: Beides kommt von *kalt*.

Als ich dann aber meinen treuen Freund und Mitstreiter in seinem blauen Metallic-Gewand vor mir sah, wurde mir wieder warm ums Herz. Und nicht zum ersten Mal pries ich den Erfinder der Tiefgarage als größten Baumeister aller Zeiten. Gebäude nach oben ziehen, wo man mit zunehmender Zahl des Stockwerks immer massiver den Launen der Natur ausgesetzt ist, kann ja jeder, doch die Idee, Autos in der Erde vor dem Fegefeuer des Wetters zu schützen, zeugt von wahrer Genialität.

Natürlich schnurrte der Motor gleich nach dem ersten Drehen des Zündschlüssels. Wie sehr bemitleidete ich in Momenten wie diesen meine hübsche Nachbarin, die ihren kleinen Fiat Punto jeden Morgen zuerst abkehren, danach abkratzen und zuletzt auch noch hoffen musste, dass dieses italienische Satzzeichen überhaupt ansprang, stammte es doch aus einer Gegend, die bei weitem nicht so wintererprobt ist wie die unsere. Gleichzeitig beglückwünschte ich mich wiederholt zu meinem Entschluss, Parkplatz *und* Tiefgarage gemietet zu haben. Manche geben ihr Geld für Breitreifen und anderen Schnickschnack aus, ich hingegen für die Erhaltung wichtigerer, konservativer Werte.

Während ich meinen Wagen rückwärts aus der Parklücke schob, fragte ich mich noch in heiteren Gedanken, ob ich der hübschen Nachbarin vielleicht einmal meine Fahrdienste anbieten sollte. Sie selbst hat mich ja noch nicht darum gefragt, aber das ist eine andere Geschichte – und damit fanden sämtliche Heiterkeiten des Tages ein Ende.

Tiefgaragen bedeuten nicht nur Schutz vor Umwelteinflüssen, sondern sie haben, wie jedes Ding auf der Welt, eine Kehrseite. In ihrem Fall ist es die steile Ausfahrt. Bisher war das kein Problem gewesen. Der Waschbetonboden ist aufgeraut, und das Tor kann man bequem per Fernbedienung öffnen.

Und so war ich auch schon auf dem Weg nach oben und noch immer guter Dinge, als sich das Schicksal erneut gegen mich wendete und ich sah, dass der Schneepflug auch vor der Einfahrt ganze Arbeit geleistet hatte. Vor mir türmte sich ein ähnlicher Berg wie vor meiner Wohnung, nur war dieser ein wenig eingeebnet und gespurt von den Autos, die ihren unterirdischen Schlupfwinkel bereits erfolgreich verlassen hatten. Ich gab schnell mehr Gas, doch zu spät. Mein fahrender Freund hatte zu wenig Schwung, um die Barriere zu überwinden, und so fraß sich die Frontpartie im Schnee fest, und die Antriebsräder drehten durch. Ich sprang auf die Bremse, legte vorsichtig den Rückwärtsgang ein und ließ den Wagen wieder nach unten rollen, inständig zu Gott flehend, dass kein anderer Garagenbewohner gerade jetzt auf die Idee kam, mit mehr Schwung über die Rampe zu gehen. Die Luft blieb jedoch rein, und so konnte ich meinen zweiten Anlauf starten. Hebel auf *Drive*, Knopf fürs Tor gedrückt und Gas!

Es war genau so hirnlos, wie es sich liest. Natürlich blieb ich wieder hängen, weil ich Trottel nicht darauf geachtet hatte, wo genau die ausgefahrenen Spuren verliefen. Irgendeine Richtung war nicht immer die beste, doch jetzt verstand ich wenigstens die Phrase *das Hirn im Gasfuß haben*. Also wieder von vorn: Rückwärtsgang, auf null garagenmäßigen Gegenverkehr setzen. Und obwohl Reifen und Motor meines Freundes lautstark protestierten, schaffte ich es diesmal. Nicht weil aller guten Dinge drei sind, sondern weil ich einfach *aufgepasst* hatte.

Die motorisierten Schwierigkeiten an diesem Tag sollten aber erst anfangen. Auf der Straße gab es nicht nur Schneefahrbahn, es herrschte auch noch starker Schneefall. In der gerade beginnenden Morgendämmerung ergab das eigentümliche Sichtverhältnisse. Blendete ich auf, schienen weiße Nadeln durch die Windschutzscheibe zu kommen. Blendete ich ab, sah ich nicht viel mehr als ohne Licht. Konzentration war also gefragt, die ich zusätzlich noch im exakten Verhältnis verteilen musste: auf behutsam Gasgeben, angestrengt Schauen, vorsichtig Lenken und inständig Hoffen.

Der Wagen schlingerte, dass es eine Freude war. Natürlich hatte auch hier schon ein Schneepflug gegrast, offensichtlich jedoch eine Leihgabe vom Lande Liliput. Die nach meiner Meinung völlig überflüssigen Straßenschwellen waren nicht mehr vorhanden, vom Schnee gleichsam ausgelöscht. Verkrampft saß ich da und hielt nach einer Spur Ausschau, in der ich vielleicht ein klein wenig sicherer dahinrutschen würde. *Bis zur Hauptstraße ist es nicht mehr weit,* wiederholte ich schlotternd immer wieder ein positives Mantra, *ich muss es nur bis zur Hauptstraße schaffen ...*

Die Hauptstraße erkannte ich nur als solche, weil ich sie eben kannte. Der eigentliche Straßenzustand änderte sich kaum. Einzig die zur Seite geschobenen Schneehaufen waren höher und breiter, die Spur der Fahrzeuge dafür um einiges tiefer. Das vereinfachte die Aufgabe nicht wirklich, die da lautete, den Wagen gerade auf der Straße zu halten. Alle anderen Lenker schienen es zu beherrschen, nur ich nicht. Sie fuhren zwar ebenfalls langsam, hielten ihre Autos jedoch ohne äußerlich erkennbare Schwierigkeiten auf Kurs. Mein Golf dagegen schlingerte immer heftiger, und ein Gefühl leichter Unsicherheit begann sich in mir breit zu machen. Dies steigerte sich gleich darauf zu regelrechter Furcht, als ich mich in erschreckender Klarheit an ein Gespräch mit einem Mechaniker anlässlich meines diesjährigen Winterreifenwechsels erinnerte.

„Die Sommerreifen können Sie gleich dalassen", hatte er mit einer absoluten Bestimmtheit gemeint, mit der andere Leute nur behaupten können, dass der Sonntag immer vor dem Montag kommt. „Die sind am Ende."

„Und die Winterreifen?", fragte ich zerknirscht, während ich die nötige Investition von einigen Hundertern gleich in meine gedankliche Einnahmen-Ausgaben-Rechnung eintrug. Ich war noch nicht einmal fertig damit, da versetzte er mir gleich noch einen Tiefschlag.

„Die sind im Frühjahr fällig."
Jetzt war der Saldo meiner Überschlagsrechnung endgültig dunkelrot gefärbt gewesen.

In meinem Auto auf dem (versuchten) Weg zur Arbeit quälten mich ganz andere Sorgen. Wie sollte ich den Satz des Mechanikers richtig interpretieren? Bedeutete *im Frühjahr fällig*, dass die Reifen einem solchen Härtetest wie dem heutigen überhaupt noch standhalten würden? Oder hatte er vielleicht gemeint, dass ich mir besser gleich einen neuen Reifensatz zulegen sollte, denn mit dem alten würde ich nur noch an der französischen Riviera sicher durch den Winter kommen?

Als schon das schlimmste aller Szenarien vor meinen Augen erschien – Auffahrunfall nach Bremsversagen, verheerende Folgen, Anklage durch die Polizei wegen der groben Fahrlässigkeit zu glatter Reifen und Verurteilung zu einer langen Gefängnisstrafe in der Nachbarzelle von Helmut Elsner – sah ich durch den dichten Schneefall die Avanti-Tankstelle, die erleuchtet und also schon in Betrieb war. Der Reifenmechaniker in meinem Kopf wurde durch meinen Vater ersetzt, der da sagte: „Wenn es arg wird, hast du immer noch Schneeketten dabei. Du brauchst nur einen Tankwart bitten, sie dir zu montieren."

Dieser in akuter Situation sehr trostvollen Worte eingedenk, ließ ich den Golf fast schon gekonnt in die Tankstelleneinfahrt rutschen und brachte ihn auch in unmittelbarer Nähe der Stelle, wo ich es haben wollte, zum Stehen.

Sie werden mir das nicht glauben wollen, meine Damen und Herren, aber die nun folgende Unterhaltung mit dem Tankwart hat sich wahrlich so abgespielt.

Ich ging, vorsichtig und bei jedem Schritt nach einer rutschfesten Stelle auf dem Boden Ausschau haltend, zu dem Kabäuschen, wünschte dem breitschultrigen Mann, der im *Avanti*-Anorak hinter der Kasse stand, einen guten Morgen und trug mein Anliegen vor. In dem Glauben, das Ganze würde keine besondere Schwierigkeit für ihn darstellen – wie der aussah, hielt er mit Sicherheit den Weltrekord im kombinierten Reifenwechseln und Schneekettenmontieren –, hatte ich mich schon wieder halb zum Gehen gewandt, als ich merkte, dass mich der Mann verlegen anschaute. Zuerst glaubte ich, er hätte mich nicht richtig verstanden, also wiederholte ich meinen letzten Satz: „Die Ketten liegen unter dem Beifahrersitz." Seine Antwort sollte mich verblüffen wie kaum eine zuvor.

„Es tut mir leid, aber ich kann das nicht."

„Was können Sie nicht?", fragte ich verwirrt.

„Schneeketten auflegen. Ich habe das noch nie gemacht."

In der ersten Sekunde, nachdem mein Gehirn diese Botschaft verarbeitet hatte, war ich so baff, dass ich nicht einmal darüber nachdenken konnte, ob mich der gute Mann auf den Arm nahm. Dann kam ich wieder zu mir, sah sein Gesicht, hörte noch einmal „Tut mir wirklich leid" und wusste, er sagte die Wahrheit. Hätte er mir einfach nicht helfen wollen, so wäre ihm ein anderer Satz ausgekommen, irgendeine dümmliche Ausrede. In einem solchen Fall wäre ich in Sekundenschnelle zu doppelter Größe angewachsen, hätte ihm lautstark mangelnde Hilfsbereitschaft und Herzlosigkeit gegenüber einem vom Schnee geschlagenen Behinderten und noch tausend andere Dinge an den Kopf geworfen und ihn anschließend nach draußen gezerrt. Doch ich konnte nicht, weil irgendwas in mir dieser grundehrlichen Seele glauben *musste*.

Ein Tankwart, der keine Ketten montieren kann, ist zwar so unwirklich wie ein Schiedsrichter, der nicht weiß, von welcher Seite man in die Pfeife bläst. Aber er existierte, und das gleich in meiner Nähe. Als ich mit hängenden Schultern zu meinem Auto und in eine ungewisse Zukunft stapfte, wurde mir klar, dass ich nie wieder über einen Tankstellenwitz würde lachen können.

Es galt, eine Entscheidung zu treffen. Sollte ich warten, bis sich einer der vorbeikommenden Autofahrer meiner durchfrorenen Hilflosigkeit erbarmte, oder gar, bis der Tankwart Schichtwechsel hatte? Beides konnte Stunden dauern.

Schließlich entschied ich mich, die Fahrt durch die Schneewüste auf bloßen (und möglicherweise zu glatten) Winterreifen fortzusetzen. Einerseits, weil ich eine fatalistische Lebenseinstellung habe: Dinge, die passieren, sollen auch sein. Andererseits würde ich im Falle eines Unfalls ohnehin den Reifenmonteur erwürgen.

Nun, diese Zeilen sind nicht im Gefängnis entstanden. Der Mechaniker lebt noch und ist meines Wissens auch recht guter Dinge, weil ich ihm im Frühjahr einen neuen Satz Sommerreifen abkaufen werde.

Ja, ich schaffte es! Zwar gab es noch recht brenzlige Situationen, wie Bremsen vor der letzten Ampel und an der Abbiegespur zu meinem

Arbeitsplatz, aber letztendlich landete ich auf meinem Parkplatz Nr. 40 in der firmeneigenen Tiefgarage. Nach mehr als einer halben Stunde reiner Fahrzeit für nicht einmal neun Kilometer. Ich war zufrieden, glücklich, dankbar und meines Lebens wieder froh, wenn auch nur einige Minuten lang.

Willkommen in Sibirien!

Selten hatte ich mich so darüber gefreut, das Büro zu betreten. Ich war an Geist und Knochen heil geblieben, hatte trockenen, rutschfesten Teppichboden unter den Füßen und würde diesen gesegneten Ort die nächsten acht Stunden nicht verlassen, es sei denn, die gewaltigste Feuersbrunst seit Neros Zeiten bräche aus. Ein normaler Arbeitstag sollte vor mir liegen, mit seinen angenehmen und weniger angenehmen Kleinigkeiten.

Doch heute war nichts *normal*, und noch weniger war *angenehm*. Als ich die schwere Glastür zu meiner Abteilung aufzog, bestand die Begrüßung in einem Luftstrom, welcher mir deutlich machte, dass er nicht raumtemperiert war. Obwohl ich meine Winterjacke noch trug, ließ mich eine Befürchtung frösteln, die sich sogleich bestätigte: Zwei Fenster an der östlichen Seite des Raumes waren gekippt, und der Kälte nach zu urteilen, hatten sie die ganze Nacht über in diesem Zustand verharrt. Außerdem verspürte ich Zugluft, was wiederum hieß, die *gekippten* Fenster waren nur die Spitze des Eisberges.

An der gegenüberliegenden Seite des Büros waren beide Fenster *offen*! Sperrangelweit! Ich traute meinen Augen nicht! Wie weiland Ben Johnson nach einer Anabolika-Kur wollte ich nach hinten durchstarten und meinen Kollegen mit einem echt steirischen „Seid's deppert?!" ordentlich den Marsch blasen, doch schon der Anblick des ersten von ihnen stellte den wirklichen Sachverhalt dar. Mein Freund Marcus saß in voller Montur vor seinem Computer: Mantel, Schal, angeschnäuztes Taschentuch. Auf Fäustlinge hatte er nur verzichtet, weil er damit nicht tippen konnte.

Ich wandelte meinen geplanten Wutausbruch in eine erstauntzittrige Stimmlage um und fragte: „Was ist denn hier los?"

„Sie ist vom Urlaub zurück", erwiderte er nur und machte eine deutliche Kopfbewegung nach hinten. „Als ich kam, war schon so gut gelüftet, dass es für eine ganze Woche gereicht hätte. Ich schloss die Fenster, doch keine zehn Minuten später riss sie sie wieder auf. Brrr." Er schüttelte sich mit ehrlich empfundener, wenn auch ein wenig übertriebener Geste.

Sie ist im vorliegenden Fall das Synonym für eine Kollegin mit beinahe paranoider Affinität zu offenen Fenstern. Ständig beschwert sie sich über zu trockene Luft und zu große Hitze, terrorisiert abwechselnd den Haustechniker und den Betriebsrat wegen angeblich nicht funktionierender Befeuchtungsregulatoren und macht uns, die wir mit ihr das Büro teilen müssen, die Hölle heiß, in dem sie uns frieren lässt. Nur wenn alle, die in ihrer Nähe arbeiten, gleichzeitig mit an den Körper schlagenden Armen hinaus flüchten, um sich in der dagegen tropisch anmutenden Hitze des Kundenbereichs ein wenig aufzuwärmen, stoppt sie gnädig die polare Frischluftzufuhr, wenigstens für eine Viertelstunde.

Dabei ist die Dame gar nicht gut gepolstert, wie man meinen möchte. Klein, zaundürr und damit ein echtes Rätsel für die Wissenschaft, die ja die These vertritt, Fett sei der beste Wärmespeicher. Das Geheimnis dieses offensichtlichen Paradoxons haben selbst wir, die wir doch unsere Studien ganz nah am Forschungsobjekt betreiben (müssen), noch nicht lüften können.

Ich für meinen Teil hatte zu diesem Zeitpunkt genug von Wissenschaft & Forschung und ging wieder in meinen Bereich zurück, um wenigstens die Zugluft zu stoppen. Die gekippten Fenster waren leicht erklärbar. Mein Chef hatte sich vermutlich bei der Suche in den Aktenschränken eine Zigarette zwischen die Lippen geklemmt und dann versucht, den Gestank durch Zufuhr von Frischluft wieder zu vertreiben. Und vermutlich war es ihm dabei so ergangen wie mir im Badezimmer: Er hatte einfach vergessen, die Fenster wieder zu schließen.

Winter allerorten. Das gegenwärtige Thema bestimmte auch im Büro das Geschehen. Ich unternahm den zaghaften Versuch, nicht daran zu denken, dass mir kalt war, und für einige Minuten funktionierte das sogar, denn das Wetter hatte nicht nur mir Anreiseprobleme beschert. Obwohl schon nach neun Uhr, waren meine vier Nachbarschreibtische noch nicht besetzt, und so galt es, fünf Telefone zu verwalten. Es war einfacher, als es sich anhört, denn sämtliche Gespräche, die ich für meine Kollegenschaft führen musste, liefen alle nach Schema F ab:

„Ist Helmut zu sprechen?" – „Nein, leider noch nicht da." – „Steckt wahrscheinlich im Stau." – „Wahrscheinlich." – „Fahren die Busse bei dem Sauwetter überhaupt noch?" – „Keine Ahnung." – „Falls ja, sind sie sicher arg verspätet." – „Sicher."

Nach und nach trafen die Leute schließlich ein, und was sie berichteten, war von tragischer Komik. Ein etwa zwanzig Kilometer entfernt wohnender Firmenkundenberater hatte beinahe zwei Stunden auf der Autobahn verbracht.

„Vor mir ist ein rumänischer LKW-Fahrer auf die Idee gekommen, Ketten aufzulegen, mitten auf der Ursteinbrücke", erzählte er. „Wenn du das in Rumänien machst, wirst du wahrscheinlich verhaftet und eine Woche bei Wasser und Brot eingesperrt."

Ich zweifelte stumm daran, dass es in Rumänien so viel Schnee gab wie im winterlichen Westösterreich. Falls doch, dann sicherlich nur in den Sieben Bergen, noch vor den Sieben Zwergen, die ja irgendwo in Transsilvanien zuhause sein sollen. Oder ist dort die Heimat von Doktor Frankenstein?

Langsam kamen mir vor lauter weiß gekleideter Horrorgeschichten alle fünf Sinne durcheinander, und mein literarisches Erinnerungsvermögen hatte auch schon einen gewaltigen Knacks.

Zu Mittag ergab sich das nicht unwesentliche Problem der Nahrungsbeschaffung. Üblicherweise nehme ich eine kleine Jause ins Büro mit, doch mein Brotwecken war ja noch immer im Gefrierfach eingesperrt, wie Sie als aufmerksamer und gleichzeitig bestürzter Verfolger dieser Schilderung sicher noch wissen. Natürlich wäre er in der Zwischenzeit aufgetaut, doch um am Morgen drei mundgerechte Stücke davon abschneiden zu können, hätte ich vermutlich eine Axt und dazu die Kräfte eines Sumo-Ringers benötigt. Zaubern konnte ich auch nicht – sonst wäre ich im Zirkus, wie Marcus in seiner betont liebenswürdigen Art immer zu sagen pflegt –, also hatte ich kein Mittagessen.

Die Optionen, welche dazu angetan waren, diesen Mangel zu beheben, schienen wenig verlockend. Ein Lokalbesuch fiel selbstredend aus. Lieber hätte ich den ganzen Tag gehungert, als meinem blauen Freund und Mitstreiter eine Fahrt samt Parkplatzsuche aufzuzwingen, während er sich noch von den Strapazen des frühen Tages erholte. Inzwischen hatte der Schneefall zwar aufgehört, doch die Straßen waren bei weitem noch nicht frei. Mir graute ohnehin schon vor der Fahrt nach Hause.

Trotz meines zuckersüßen Säuselns („Ich übernehme deine Nachspeise"), bitterlichen Flehens („Wenn du mir nichts mitbringst, breche ich vor Entkräftung zusammen") und sonstiger mir zur Verfügung stehender Überredungskünste („Schau doch, es schneit gar nicht mehr"), konnte ich Marcus nicht zu einer McDonald's-Expedition überreden.

„Glaubst du, ich ruiniere mir deinetwegen meine Lederschuhe?", ließ er mich kalt wissen. Auf meine Frage, was er zu Mittag vorhabe, zwinkerte er mich an und meinte nur: „Schnitzel, von gestern."

Nun, wer hat (eine gute Köchin als Ehefrau), der hat (ein warmes Essen fürs Büro).

Doch schließlich fand auch ich Erbarmen unter dem bedeckten Himmel, in Person einer Kollegin, die mich gar nicht erst lange flehen ließ. Vermutlich hatte sie Mitleid mit meinem ausgezehrten und verzweifelten Zustand, denn sie fragte gleich, als sie auf dem Weg zur Stechuhr bei mir vorbeikam: „Brauchst was vom *Merkur*?"

Ihr ohnehin schon herziger Dialekt – sie stammt aus Schwaben – klang wie lieblichste Musik in meinen Ohren. Ich war gerettet, schob aber, der Höflichkeit willen und um nicht als Schnorrer dazustehen, noch gekonnt eine Floskel ein, ehe ich meine Bestellung bei ihr aufgab.

„Wegen mir musst du nicht unbedingt gehen, Martina."

Wäre ich Pinocchio, so hätte sich meine Nase augenblicklich um einen Meter verlängert, im günstigsten Fall. Sie erkannte das natürlich sofort, verzieh mir jedoch mit einem wissend lächelnden „Ja, ja" und verschwand.

„Du hast was gut bei mir", versprach ich ihr dann auch gleich, als sie mit meinem Essen (und auch ihrem, doch das war mir nicht so wichtig) in der Tasche den Pausenraum betrat. „Dass du meinetwegen rausgegangen bist, finde ich wirklich fein." Und diesmal meinte ich es auch so. Martina aber lächelte wieder wissend und erwiderte auf schwäbisch: „Ich bin doch net blöd und renn bei dem Wedder raus."

„Wie bitte?", fragte ich verwirrt, denn dass sie eingekauft hatte, war unübersehbar.

„Man kann auch durch d'Garage gehen", erklärte sie. „Kein Schnee, keine nasse Schuh', kein Garnix."

Am heutigen Tag war ich offensichtlich zu blöd für einfache Logik.

Diese Möglichkeit gab es seit jeher, doch mir wäre sie sicher erst nach dieser Eiszeit in den Sinn gekommen.

Taxifahrer sind die besseren Menschen

Abgesehen von weiteren Alle-Fenster-zugleich-geöffnet-Aktionen von *ihr*, verlief der Nachmittag ruhig und arbeitsreich. Die Geschichte eines normalen Tages hätte nun auch mit der Schilderung einer gefahrvollen Heimfahrt schließen können, doch wie schon öfter erwähnt, war heute nichts normal. Denn neben all den Herausforderungen wie Eis, Schnee, ungeschickten Tankwarten und sonstigen Dingen, welche ich mit Bravour gemeistert hatte, war heute auch noch Dienstag. Und das bedeutete, ich hatte noch einen wichtigen Termin in der Innenstadt, bei der Physiotherapeutin.

Natürlich wäre es möglich gewesen, den Termin abzusagen, doch daran dachte ich keine Sekunde lang. Die Unerbittlichkeit des herrschenden Wetters raubte mir beinahe alle Möglichkeiten der körperlichen Bewegung im Freien – Radfahren war bei Schnee ohnehin gestorben, Spazierengehen nur mit viel Glück ohne Komplikationen möglich –, also musste ich solch fix terminisierte Gelegenheiten, mich um den Erhalt meiner relativen Gesundheit zu kümmern, einfach wahrnehmen.

Doch wie hingelangen? Da die Straßen jetzt nur mehr mit Matsch bedeckt oder auch schon salznass waren, wäre einer Fahrt mit dem Auto wohl nichts entgegengestanden, aber ich sah ein anderes Problem. War die Salzburger Stadtverwaltung auch emsig dabei, die Straßen vom Schnee zu befreien, so konnte sie doch nichts anderes tun, als ihn zur Seite schieben. Die Höflichkeit, zu schmelzen oder sich in Luft aufzulösen, wenn man sie darum bat, besaß die weiße Pracht nicht. Die Frage, wo er denn also liegen würde, wenn nicht mehr auf der Fahrbahn, war bei der gefallenen Menge leichter zu lösen als eine Milchmädchenrechnung: natürlich am Straßenrand, genauer gesagt, auf den Parkplätzen.

Also entschloss ich mich dazu, ein Taxi zu bestellen. Und selbstverständlich konnte dabei heute nur eines herauskommen: ein absonderliches Erlebnis.

Im Gegensatz zu anderen regelmäßigen Taxibenützern habe ich nicht die Angewohnheit, immer den gleichen Fahrer anzufordern. Ich wähle zwar stets die gleiche Telefonnummer – so muss ich mir auch nur eine merken –, käme aber nie auf die Idee, zum Beispiel einzig und allein den *Herrn Franz* zu akzeptieren, wie dies manch gut situierte Hofratswitwe durchaus pflegt. Zum einen habe ich nicht die Zeit dafür, sollte der *Herr Franz* gerade am anderen Ende der Stadt herumkurven. Ein weiterer Grund ist meine Freude daran, Menschen kennen zu lernen, so auch Taxifahrer.

Das heutige Exemplar schien dem Wetter genauso angepasst wie eine Pistenraupe. Ein großer, breitschultriger Mann mit Dreitagesbart und tellerartigen Händen, der dem Schnee offensichtlich widerstand wie ein Fels der Brandung. Dennoch war er meinem in der Zentrale geäußerten Wunsch, in das Gebäude zu kommen, nicht gefolgt. Meine diesbezügliche Frage, nachdem ich mich auf glattem Asphalt zu dem schweren Toyota vorgekämpft hatte, beantwortete er nur mürrisch brummend, nichts davon gewusst zu haben. Na klar, schuld sind immer die anderen.

Eigentlich hätte mir diese kurze Wortmeldung Warnung genug sein sollen. Unglücklicherweise wurde ich aber von meiner Gewohnheit übermannt, ein Gespräch zu beginnen, und ich tat dies auch noch mit dem gängigsten aller Themen: Wetter und die damit verbundenen Schwierigkeiten.

Beim erzählten Versuch mit dem Tankwart lachte der Chauffeur plötzlich laut auf.

„War das Ihr Ernst mit den Schneeketten?", fragte er auf eine überhebliche Art, die mir gar nicht gefiel.

„Warum nicht?", stellte ich eine Gegenfrage, allein an seinem Tonfall erkennend, dass er nichts davon hielt. „Die Straße war glatt wie eine Curling-Bahn, und da dachte ich ..."–

„Ketten brauche ich nur, wenn ich auf den Gaisberg hinauf muss", unterbrach er mich beinahe unwirsch. „Meinetwegen auch auf den Hochkönig."

„Ich hätte mich eben sicherer gefühlt", entgegnete ich und hielt die Sache damit eigentlich für beendet. Doch offensichtlich hatte ich einen Punkt angeschnitten, bei dem sich der gute Mann überlegen fühlte und dies für sein Ego auch benötigte. Jetzt legte er richtig los.

„Solche Leute schaden der Straße", maßregelte er mich, und ich spürte nur zu deutlich, dass er den Satz viel lieber mit *Ängstliche Autofahrer wie Sie* eingeleitet hätte. Nun, wenn er sich aus Rücksicht auf zu erwartendes Trinkgeld zurückgehalten hatte, so wäre die Mühe zu diesem Zeitpunkt schon nicht mehr nötig gewesen.

„Zwei Dinge sind es nur, die man braucht, um gut durch den Winter zu kommen", fuhr er wie ein Oberschulrat fort.

„Welche denn?" Ich brannte darauf, es aus seinem Munde zu hören, wirklich!

„Gute Winterreifen und Vorderradantrieb."

„Und ihr Auto hat beides, nehme ich an."

„Selbstverständlich!"

Wir hielten gerade vor einer Kreuzung, und so bedachte mich der Taxler mit einem Blick, der zu sagen schien: *Wie kannst du auch nur den geringsten Zweifel hegen, Ungläubiger!* Bevor es mir zuviel wurde, schaltete die Ampel auf Grün, und er fuhr weiter.

„Diese Winterreifen werden nur speziell für Toyota hergestellt", klärte er mich auf. „Die besten, die es gibt."

Natürlich, dachte ich nur noch, denn bei so viel Überlegenheit schien ich eindeutig nicht mehr würdig, die Stimme zu erheben. Vielleicht sollte ich mich doch nach einem Fahrer wie dem *Herrn Franz* umschauen, überlegte ich stattdessen. Bestimmt hätte es etwas für sich, stets mit „Grüß Gott, Herr Glanz, wie geht es Ihnen heute?" angeredet zu werden, anstatt mein hart verdientes Geld einer solch gelungenen Mischung aus Arroganz und Grant in den Rachen zu werfen. Irgendwie befriedigte mich dann jedoch die seltsame Tatsache, dass dieser Dienstleistungs-Hero auf vier Rädern es nicht schaffte, mich vor der Eingangstür des gewünschten Hauses aussteigen zu lassen. Vermutlich hatte er doch zu viel Respekt vor den riesigen Schneemassen, die dort zusammengeschoben waren. Jedenfalls hielt er auf der gegenüber liegenden Straßenseite und machte auch keinerlei Anstalten, mir bei der Überwindung dieser Hürde behilflich zu sein. Nicht, dass ich dies erwartet hätte, doch es bestätigte mich darin, eine Taxirechnung erstmals ohne freiwilligen Aufschlag beglichen zu haben.

Als ich später meiner Therapeutin davon erzählte – die mich übrigens mit den Worten „Eigentlich hätte ich heute mit Ihrer Absage gerechnet" empfangen hatte –, konnte ich schon wieder darüber lachen.

Der Lenker des Taxis, welches mich zu meinem Auto zurückbrachte, war dagegen ganz Typ *Herr Franz*. Ein gemütlicher kleiner Kerl, der nicht viel redete, weil er merkte, dass mir selbst nicht danach war; und der bei seinen knappen Sätzen wenigstens merken ließ, wie viel er von seinem Geschäft verstand.

„Recht haben Sie, an einem Tag wie heute nicht selbst zu fahren", meinte er einmal. „Das Wetter und dann kein Platz für den Wagen ... schon richtig so."

Auch wenn es nicht gerade uneigennützig war, der Mann hatte kapiert, worum es ging. Ich murmelte nur noch Zustimmung, schloss die Augen und versuchte, mich trotz der mentalen und körperlichen Anstrengungen des Tages auf die bevorstehende Heimfahrt zu konzentrieren.

Doch wie konnte es anders sein – auch diese bedeutungslose Episode, die nichts anderes beinhalten sollte als eine Taxifahrt innerhalb der nicht übergroßen Stadt Salzburg, endete mit einer persönlichen Niederlage. War mir vorhin meine große Klappe zum Verhängnis geworden, so war es diesmal mein Stolz.

Am Parkplatz vor dem Bürogebäude angekommen, fragte mich der Fahrer freundlich, ob er mir noch behilflich sein könnte; wie gesagt, er verstand sein Geschäft und wusste dazu auch, was sich gehörte.

Mir helfen? Mir, der ich dem Winter von der Wohnungstür bis zur Physio-Praxis so einmalig unerschrocken die Stirn geboten hatte? Wo doch alles so wunderbar gelaufen war? Wie konnte *der da* auch nur ansatzweise in Erwägung ziehen, dass ich seine Hilfe benötigte! Meine Hochmut verströmenden Gedanken waren um vieles arroganter als die Wortmeldungen des Toyota-Mannes.

„Es geht schon, danke", sagte ich deshalb auch und stieg aus dem Wagen.

Hochmut kommt vor dem Fall. Und in meinem Fall war der Fall schmerzhaft wie selten. Bevor ich den Eingang zur Tiefgarage erreicht hatte, rutschte ich aus und fiel, Kniescheiben und handschuhlose Hände zuerst, in den Schnee.

Jetzt bin ich aber neugierig, ob er mir aufhilft, dachte ich sarkastisch, denn das Taxi war noch in der Nähe, und ich konnte sicher sein, dass der Fahrer alles mitbekommen hatte.

Nun, er fuhr davon, und ich stimme Ihnen zu, geschätzte Leserschaft, wenn Sie denken, es geschah mir schon recht.

Zweimal versuchte ich erfolglos aufzustehen. Die Hände taten mir bereits weh vor lauter *kalt!* und auch meine Hose war nicht für einen solche Schneeattacke konzipiert. Also robbte ich kurz entschlossen auf allen Vieren in Richtung Eingangstür und zog mich an der Griffleiste in die Vertikale. Schuhe, Socken, Hose und Hemdsärmel, alles war nass. Zitternd steckte ich meine Zugangskarte in den Schlitz und beglückwünschte mich voll Zynismus dazu, dass sie überhaupt noch da war und mir nur einmal aus den klammen Fingern fiel. Im Treppenhaus tastete ich nach dem Metallgeländer, welches um einiges wärmer war als meine Hände, und stakste vorsichtig nach unten. Schritt für Schritt, damit dieser Tag nicht noch unrühmlicher endete, mit einem Sturz auf dem trockenen, hell erleuchteten Weg in die Tiefgarage. Denn die letzte, die ultimative Herausforderung stand ja noch bevor: Die Fahrt nach Hause, diesmal erschwert durch die inzwischen eingefallene Dunkelheit.

Sie gelang mir, und das ohne weitere schreckensvolle Vorkommnisse. Die Leute von der Straßenverwaltung hatten dazu beigetragen, für deren Fleiß ich immer wieder von neuem dankbar bin. Außerdem mochte meine Entschlossenheit, unbedingt erfolgreich sein zu wollen, auch erheblich gewesen sein. Mein einziger Gedanke während der Fahrt war *Ich schaffe es, ich schaffe es, ich schaffe es* ... Denn für heute hatte ich wirklich schon genug. Vom Winter, vom Autofahren, eigentlich von allem.

Etwa ein Monat ist seit jenem schicksalsschweren Tag vergangen, und mir geht es wieder ausgezeichnet. Dem Sturz neben dem Taxi sind keine weiteren gefolgt, Neuschnee gab es nur mehr in kleinen Mengen, und auch der alte ist durch eine nette Wärmeperiode auf ein erträgliches Maß zusammengeschmolzen.

Nur mein treuer Freund und Mitstreiter fühlt sich derzeit nicht besonders wohl. Der steht gerade in der Werkstatt, wo er auf eine neue Autotür wartet. Und dabei war der Ort, an dem es passiert ist, großräumig, trocken und hell beleuchtet. Ich weiß nicht, wie oder warum, doch ich schaffte es, das Ausfahrtstor der firmeneigenen Tiefgarage so heftig zu touchieren, dass nun die Beifahrertür gewechselt werden muss.

Vielleicht wäre es besser gewesen, eine Geschichte über die gemeinen Fallen zu schreiben, die in so manchen Tiefgaragen lauern.

Oder über meine eigene Blödheit.

Erziehung, öffentlich

Seit Gabi sich zum Umstieg auf öffentliche Verkehrsmittel für ihren täglichen Weg zur Arbeit entschlossen hatte, war sie im Winter befreit von fingerfeindlichem Eiskratzen und ganzjährig von frustrierender innerstädtischer Parkplatzsuche. Als Gegenleistung für diese Vergünstigungen wurde ihr jedoch vom Schicksal die tägliche Fahrt in einer überfüllten Grazer Straßenbahn auferlegt. Und selbst der geeichte Bim-Benützer weiß, dass diese Bürde nicht ohne ist; auch die nachfolgende Geschichte demonstriert es.

Schon zu meiner Grazer Zeit hatte ich als Straßenbahnpassagier einige Gefahren zu beachten, und das ist, bei grober Aufrundung, bald zwanzig Jahre her. Da musste ich ein Auge auf sich im Mittelgang selbständig machende Rucksäcke und Schultaschen haben wie auf plötzliche Bremsmanöver und zu schnell genommene Kurven des Fahrers. Darüber hinaus galt es, das mit erstaunlicher Regelmäßigkeit stattfindende Gedränge beim Aus- und Einsteigen zu überstehen. Verwirrend war für mich als kaum erwachsener Schüler besonders der letzte Punkt: Dass der logische Vorgang, erst die in der Straßenbahn befindlichen Personen *aus*steigen zu lassen und danach selbst *ein*zusteigen, für das praktische Denken so vieler Mitmenschen nicht fassbar war, übertraf meine schlimmsten Erwartungen. Ich löste diese Herausforderung stets mit der Sicherheitsvariante: Warten, bis der Weg frei war, in beide Richtungen.

Richtige Sträuße auszufechten hatte ich nur mit ein paar alten Leuten, die partout nicht einsehen wollten, dass meine Antwort auf die meist barsch vorgetragene Aufforderung, gefälligst den Sitzplatz für sie zu räumen, weder verhöhnend noch zynisch gemeint war, sondern ernsthaft und im wahrsten Sinne des Wortes: „Es tut mir leid, aber zu stehen fällt mir schwerer als Ihnen." Noch heute erinnere ich mich an eine Dame, die mich daraufhin lautstark der Lüge zieh. Das wiederum machte mich so wütend, dass ich unter nicht minderem Dezibeleinsatz replizierte: „Also gut, gleich morgen lasse ich mir ein Bein amputieren, damit auch Sie meine Beeinträchtigung erkennen." Nach diesem verbalen Volltreffer entschieden die Kampfrichter – interessiert zuhörende Fahrgäste ringsum – das Duell durch beifälliges Nicken zu meinen Gunsten. Die Dame sagte nichts mehr und hütete sich wohl den Rest ihrer Tage davor, eine jünger aussehende Person zwecks Sitzplatzüberlassung erbost anzureden.

Seit jener Zeit kam ein weiteres Ärgernis hinzu, welches sich besonders in beengten Räumen wie Straßenbahnen strafverschärfend für all jene auswirkt, die nur so rasch und unbehelligt wie möglich von A nach B gelangen wollen: öffentliches Handyfonieren. Das Spektrum umfasst dabei alle denkbaren wie undenkbaren Botschaften.

„Griaß di, Fraunz. I wullt' da nur sogn, dass i jetzt untawegs bin. Ah, du woatst eh scho' an da nextn Holtestöll. Oiso daunn, bis glei'. Pfiat di."

„Hallo Schatzi. Ich wollte dir nur sagen, ... Mein Gott, hab' ich dich aufg'weckt? Das wollt' ich aber gar nicht. Jedenfalls wollte ich dir sagen, dass ich dich sehr liebe. Was meinst? Das habe ich dir gestern schon g'sagt? Aber sicher nicht oft genug. Mindestens zwölfmal? Na, es heißt doch, dass aller guten Dinge dreizehn sind. Dann sag' ich's halt jetzt auf Englisch: *I just called to say I love you.* Was? Der Song ist uralt und außerdem grottenschlecht? Was hast du denn gegen blinde schwarze Sänger?"

„Nein, Chef, ich bin nicht krank. Ich habe nur verschlafen. Hat es Frau Strwadill nicht ausgerichtet? Nein, die Präsentation macht Kollege Müller, das habe ich mit ihm so verabredet. Was, er hat sich telefonisch krank gemeldet? *Dieser ... !* Verzeihung, Chef, da war nur ein kurzes Funkloch. Natürlich springe ich für ihn ein. Dann müsste ich allerdings noch einmal nach Hause, weil ich bin nicht adäquat angezogen. Um 10 Uhr? Wird ein bisschen knapp, aber sollte sich ausgehen. Natürlich, Chef, gerne. Und danke für Ihr Vertrauen." (Die nachgeschobenen Seufzer – bezogen auf Müller, den Chef oder beide – finden erst nach Ende des Gesprächs statt, sind jedoch für alle anderen Straßenbahnmitfahrer gut vernehmbar.)

„Frau Maria, wir haben uns anders entschieden. Mein Mann und ich möchten heute Abend doch lieber *Spaghetti Aglio e Olio* als immer diese furchtbare Carbonara-Soß aus dem Packerl. Kein Problem, dazu brauchen Sie nur Aglio und Olio, ich wollte sagen, Knoblauch und Olivenöl. Ein ganzes Netz ist in der Speis', Olivenöl müssen Sie besorgen.

Aber nur natives Öl aus erster Kaltpressung, alles andere ist reines Gift. Und die Spaghetti nicht wieder zu Tode kochen, wenn ich bitten darf. Gut, wir kommen dann wie üblich gegen 18 Uhr. Geben Sie meinem Cindy-Herzi nur noch das neue Diätfutter, auf keinen Fall mehr den industriellen Trockenfraß ... Wenn Sie sich weigert? Dann soll sie es bleiben lassen! Ich habe meinen Kindern beigebracht, dass alles zu essen ist und werde das auch bei meinem Hund schaffen."

Was Sie eben gelesen haben, war nahe an der Wahrheit und doch Produkt meiner ausufernden Phantasie – als Single-Autofahrer bin ich darauf angewiesen. Gabi hingegen erlebt diese akustische Reality-Show täglich live und direkt vor ihren Ohren. Während es abends meist Pensionisten sind, die mitten in der Stoßzeit der müde vom Broterwerb heimfahrenden Menschen mobiltelefonisch erfahren, dass sie „nur noch schnell einen Wecken Brot" kaufen müssen, wird die Szene am Morgen von Schülern jedes Alters, Aussehens und Handymodells beherrscht. Da wird gelacht und geweint, geschrieen und geflüstert, der Lehrer im Vorhinein beschimpft und das Treffen nach der Schule bei McDonald's klar gemacht. Eine Kakophonie von Stimmen, überlagert, durchsetzt und unterbrochen von SMS-Getippse und iPod-Sounds des gesamten musikalischen Spektrums, die *Ursprung Buam* vielleicht ausgenommen.

Gabi war nur noch zwei Stationen von ihrer Endhaltestelle entfernt, als zwei geradezu exemplarische männliche Vertreter eben beschriebener Zunft die Stufen erklommen. Einer rundlich, der andere spindeldürr, waren sie in der unter Heranwachsenden so angesagten Mode gekleidet: Kapuzenshirts, weite Schlabberhosen, welche den Schritt nicht einmal aus nächster Nähe erahnen ließen, und als krönender Abschluss eine undefinierbare Kreuzung aus Turnschuh und Bergstiefel – die dazu gehörenden grellbunten Schuhbänder werden nur des Stylings wegen an ihrem Ort belassen, zugebunden sähe das viel zu uncool aus.

Die beiden unterbrachen ihre mit wilden Gesten garnierte Unterhaltung keine Sekunde, als sie sich in zwei freie Plätze fallen ließen, direkt Gabi gegenüber. Dass dabei eine Frau in mittleren Jahren bestenfalls ignoriert wurde, nahm sie gelassen hin, höchstens erstaunt über ihre Sprache, von welcher, obschon aus den Mündern Einheimischer kommend, Gabi nur etwa die Hälfte verstand. Die drei wären wohl in ihren Paralleluniversen aneinander vorbei geschwebt, hätte nicht in der Kapuzenshirttasche des korpulenteren Burschen, kaum dass die Straßenbahn wieder unterwegs war, ein Handy zu brüllen begonnen. (Der normale Klingelton existiert nicht mehr; heute entweicht den Kleingeräten alles, was sich ein normaler Mensch vorstellen oder schon nicht mehr vorstellen kann, von zartem Grillenzirpen bis zum frenetischen Torjubel der Zuschauer beim letzten Lokalderby der steirischen Gebietsliga Südost zwischen Klöch und Tieschen.)

Mit einer flinken Bewegung wurde das Handy hervorgeholt, das Brüllen mittels Tastendruck beendet. Dass die Stimme des Burschen angesichts der herrschenden Geräuschkulisse nicht viel leiser war, störte ihn selbst am allerwenigsten.

„Seas, Olda, mia san grod in da Stroßnbaun ... Na, mitn Geesy ... An Rüsch host troffn? Und wos sogga? ... Echt? Waßt, wos i da sog? Des is a so großes Oaschloch, dass jeda Sessl in eam einifollt ... Owa sicha a no'! ..."

Ob es ihr verinnerlichter Drang war, ein gutes Beispiel zu geben, oder nur die Altersähnlichkeit der zwei Jugendlichen mit ihrem Sohn, wusste Gabi später nicht mehr. Aber es existieren Wörter, die sie weder in ihrem eigenen Haus noch in der Straßenbahn duldet.

„He, du da!" Sie untermalte ihre Anrede mit einem so überdeutlich drohenden Zeigefinger, dass der Bursche sein Mobiltelefon absetzte und sie fragend anschaute. „Muss ich mir von einem wie dir *Oaschloch* ins Ohr schreien lassen? Wo ich zehn Stunden Arbeit vor mir habe und das Recht darauf, wenigstens die Fahrt bis dorthin in Ruhe zu verbringen! Habe ich dieses Recht oder nicht? Los, sag was!"

Der Angesprochene blieb jedoch stumm vor Schreck; die scharfe Rede und das gefährliche Funkeln in den Augen dieser Frau hatten ihn auf dem falschen Fuß erwischt, zumal der Angriff aus einer völlig unerwarteten Richtung gekommen war. Sein schmächtiger Freund war ebenfalls perplex, flüchtete jedoch nach einigen Sekunden in ein überraschend logisches Gegenargument.

„Wenn der Rüsch nun aber ein Arschloch ist?"

Die unerwartete Stichhaltigkeit der Antwort nahm Gabi mit einem Schlag den Wind aus den soeben noch wutgeblähten Segeln. Um nicht lachen zu müssen, räusperte sie sich verlegen und erwiderte: „Dann soll es dein Freund beim nächsten Mal halt ein bisschen leiser sagen."

Nach dieser vollends danebengegangenen, öffentlichen Erziehungsmaßnahme schwor sich Gabi, von nun an in der Straßenbahn zu lesen. Als wirksames Mittel gegen die Geräuschkulisse taugte die *Kleine Zeitung* jedoch nicht, fiel ihr ein. Besser wäre da schon ein iPod mit den neuesten Schlagern der *Ursprung Buam*.

Ihr Sohn besaß einen, wie Gabi wusste. Vielleicht würde er ihr das kleine Ding für eine Testfahrt borgen.

Betthupferl und Flohhupferl

Neulich lud Leo, als selbst ernannter Träger der Radl-Matura ein Meister in sämtlichen Belangen zweirädriger Fahrzeuge, seinen Freund Schorsch ein, ihm die erst vor wenigen Wochen bezogene Wohnung zu zeigen. Da Schorsch nicht in der kleinen Bezirksstadt beheimatet und daher, was die Seitengasse betrifft, ortsunkundig ist, vereinbarten sie ein Treffen in Leos Werkstatt und machten sich von dort zu Fuß auf den Weg.

Der Winter hielt das ganze Land im Griff wie schon lange nicht, und an den Straßenrändern türmten sich die Schneehaufen mehr als hüfthoch. Schorsch lamentierte unentwegt über die schlechte Schneeräumung, die Versäumnisse bei der Splittstreuung und faule Hauseigentümer, die nicht einmal die kürzesten Gehsteigabschnitte vor ihren Grundstücken rutschfrei halten konnten. Er hatte zweifellos Recht: Wo man den jungfräulichen Schnee nicht entfernt hatte, war er zu einer hügeligen Mondlandschaft verklumpt und festgefroren; für zwei nicht mehr so trittsichere Männer in der Nähe des Pensionsalters durchaus eine Herausforderung. Doch sie erreichten das Wohnhaus wohlbehalten, klopften sich gründlich die Schuhe ab und traten ein.

„Und wohin jetzt?", erkundigte sich Schorsch ein wenig fröstelnd, aber froh, dem eisigen Wind entkommen zu sein.

„In den zweiten Stock", antwortete Leo, schon auf dem Weg zur Treppe.

„Gibt's keinen Lift?" Das Jammern sollte empört klingen, offenbarte jedoch nur schnaufende Erschöpfung. „Mir tut schon alles weh!"

„Das ist ein altes Haus, Schorsch", erklärte Leo gütig. „Komm, von der Bewegung wird dir warm werden, und oben mache ich dir einen ordentlichen Rumtee."

„Auch in alte Häuser baut man heutzutage Lifte ein." Trotziges Beharren als letzte Rettung, wenn die Argumente ausgehen.

„Aber nicht, wenn es nur drei Stockwerke gibt."

Der Rest von Schorschens Widerwillen ging in unverständlichem Gemurmel unter. Schließlich ging er – mit übertrieben schlurfenden Schritten, wie Leo fand – zur Treppe. Bevor er jedoch einen Fuß auf die unterste Stufe setzte, blieb er verdutzt stehen.

„Was in aller Welt ist denn das, Leo?"

Seine Hand deutete auf eine Vorrichtung unterhalb des Treppengeländers. Dort war in etwa 75 cm Höhe ein zweiter Handlauf angebracht, der genau parallel zu jenem in üblicher Position nach oben führte.

„Also sowas habe ich noch nie gesehen." Schorsch starrte zur Wand wie auf das achte Weltwunder. „Kann man da seine Füße draufstellen und hinunterrutschen?"

„Nein, das wurde auf meinen besonderen Wunsch gemacht, als ich einzog", lautete die verblüffende Erklärung, welche das Staunen des Freundes in ungeahnte Höhen trieb.

„Und wofür brauchst du das, um Gottes Willen?"

„Ganz einfach: Manchmal kommt es vor, dass ich beim Wirt hängenbleibe. Wenn ich auch noch ein paar Gläser zu viel gekippt habe, ist der Weg in den zweiten Stock ein echtes Problem. Damit ich auch angeheitert in meine Wohnung komme, ist der zusätzliche Handlauf montiert worden. Dann nehme ich die Treppe auf allen Vieren in Angriff und kann mich trotzdem festhalten. Ich nenne es *Betthupferl-Hilfe*." Leo stellte sich neben die Wand und ging in die Hocke. „Soll ich dir zeigen, wie es funktioniert?"

„Nein, kein Bedarf, danke." Schorsch hob abwehrend die Hände. „Ich glaub' das einfach nicht."

„Jedenfalls war es deutlich billiger für die Gemeinde, als einen Aufzug einbauen zu lassen", stellte Leo eine Milchmädchenrechnung an, doch diese brachte Schorsch endgültig aus der Fassung.

„Heißt das, der Bürgermeister hat für so einen Schwachsinn Geld?!", brauste er auf. „Gleichzeitig ist es ihm egal, wenn auf den Gehsteigen die Leute vor lauter Eis durcheinanderpurzeln und sich den Hals brechen können? Die Fahrt zu deiner Werkstatt war eine einzige Rutschpartie, keine Spur von ordentlicher Schneeräumung, kein Salz oder Split war zu sehen! Aber damit DU" – er deutete mit einem vor Erregung zitternden Zeigefinger auf Leo und merkte dabei gar nicht, dass sie mittlerweile nach oben gingen – „damit DU in deinem Suff heil nach Hause kommst, wird dir gleich eine Aufstiegshilfe in Kniehöhe organisiert! Ich weiß schon, dass du der persönliche Mechaniker für euren Rad fahrenden Bürgermeister bist, aber so viel Vitamin B schlägt dem Fass den Boden aus!"

Leo, der während dieser beeindruckenden Schimpftirade schuldbewusst auf seine Schuhe geblickt hatte, holte im zweiten Stock seinen

Wohnungsschlüssel aus der Tasche und ließ seinen Freund eintreten. Als die Tür hinter ihnen ins Schloss fiel, hielt er es nicht mehr aus und begann schallend zu lachen.

„Was ist jetzt wieder mit dir los?", grantelte Schorsch weiter. „Dass für dich alles Jubel-Trubel-Heiterkeit ist mit deinen tollen Konnegschons, glaube ich gern."

Es dauerte eine Weile, bis Leo sich einigermaßen im Griff hatte.

„Nein, da liegst du völlig falsch", erwiderte er und grinste dabei noch immer von einem Ohr zum anderen. „Ich habe zwei Fragen, Schorsch: Möchtest du einen Kuchen zum Tee? Und zweitens: Willst du die Wahrheit über den zweiten Handlauf wissen?"

Eine Viertelstunde später war Schorschens Ärger immer noch nicht verraucht, hatte aber die Richtung geändert, um ganze 180 Grad. Er war nicht betrunken und hatte alle Sinne einigermaßen beisammen; trotzdem war es Leo gelungen, ihm einen Bären aufzubinden, größer als alle, die Schorsch je in *Universum* gesehen hatte.

Im obersten Stockwerk des Hauses hatte zur gleichen Zeit, als Leo eingezogen war, eine neu gegründete Kinderkrippe Quartier gefunden, die den Namen *Flohhupferl* trägt. Da der gewünschte Aufzug, wie von Leo wahrheitsgetreu berichtet, sowohl finanziell als auch bautechnisch schwer zu realisieren war, man den Aufstieg der kleinen Flöhe zu ihrer Tagesstätte aber dennoch irgendwie erleichtern wollte, war ein findiger Kopf auf die Idee mit dem zweiten Handlauf gekommen – in einer Höhe, die auch den Jüngsten unter den Besuchern der Krippe gerecht wurde, so sie schon auf eigenen Beinen stehen und sich festhalten konnten.

„Aber jetzt sei ehrlich, Leo", forderte Schorsch Kuchen mampfend seinen Freund auf, nachdem dieser seinen Witz zur Gänze gebeichtet hatte. „Bist du jemals so illuminiert heimgekommen, dass du für die Existenz des *Flohhupferls* zumindest ein bisschen dankbar warst?"

„Noch nie, ich gebe dir mein Wort darauf." Leo goss in beide Tassen Tee nach. „Sollte ich das zweite Geländer irgendwann wirklich brauchen, war ich zum letzten Mal in einem Wirtshaus."

Sie aßen und tranken eine Weile schweigend, bis Leo sich an etwas aus ihrer eigentümlichen Diskussion erinnerte.

„Du hast vorher ein Wort verwendet, das ich nicht verstehe, Schorsch." Er sah sein Gegenüber fragend an. „Was bitte soll das sein, *Konnegschons*?"

Der Frau Bürgermeister neue Kleider

Neulich entging die Bürgermeistergattin einer kleinen obersteirischen Gemeinde (ich musste meiner Gaishorner Tante Anni versprechen, den Namen nicht zu nennen) ganz knapp einer außergewöhnlichen Peinlichkeit, wie sie eigentlich nur in einem Märchen von Hans Christian Andersen vorkommt. Dort hat sie einen völlig anderen Hintergrund, doch Andersen stammte auch nicht aus der Obersteiermark.

Wie ich mich anlässlich einer Lesung selbst überzeugen konnte, trifft sich bei kulturellen Anlässen in ländlichen Gegenden die Ortsgemeinschaft innerhalb loser Generationengrenzen fast vollzählig. Überhebliche Städter können mangelnde Alternativen als Ursache anführen, doch ich sehe darin eine aus Tradition geborene Förderung des Zusammenhalts, die kleinere Ortsstrukturen atmen lässt. Das führt zu Tiefe und Lebendigkeit, für die ein Alltagstratscherl beim Bäcker nicht ausreicht – auch wenn manche glauben, alles zu wissen, wenn die Leitlböck Fini in diesem Monat schon mit dem fünften Mann Händchen haltend gesichtet wurde.

Im Wirtshaus wurde ein Volksmusikkonzert gegeben. Der Saal füllte sich rasch, man grüßte, lachte, tauschte Neuigkeiten aus und nahm schließlich die Plätze ein. Die Frau des Bürgermeisters ging in den hinteren Zuschauerbereich zu einer Damenrunde, was einem Außenstehenden ungewöhnlich erscheinen mag, für sie jedoch Gewohnheit war. „In der ersten Reihe musst du immer gescheit dreinschauen", antwortet sie auf diesbezügliche Fragen. „Und außerdem rede ich lieber selber, als ständig meinem Mann zuzuhören."

Bei meiner Tante war ein Sessel frei, und so konnte sich Anni, neugierig, wie sie ist, gleich nach dem ungewöhnlichen Outfit der Freundin erkundigen.

„Elisabeth, warum seid ihr heute nicht in Tracht, dein Mann und du? Ich sehe euch nur selten klassisch, und gerade beim heutigen Anlass hätte ich etwas Entsprechendes erwartet."

„Willst du die Wahrheit wissen?" Sie grinste breit. „Mein Mann hatte schon seinen Lieblingssteireranzug aus dem Schrank geholt, doch der ist schon furchtbar schäbig und abgetragen. Er wollte ihn aber unbedingt anziehen, sodass ich ihn nur durch Erpressung davon abhalten konnte."

„Was hast du gemacht?"

„Mich einfach geweigert mitzugehen, wenn er wie ein abgehalfterter Bergbauer am zehnten Kirtag auf Brautschau daherkommt." Elisabeth lachte über diesen erdigen Vergleich. „Wie gefällt dir mein neues Kostüm?"

„Sehr schick", erwiderte Anni und betrachtete die Kombination aus grauem Rock, grünem Rollkragenpulli und grauer Jacke. „Auch der Zweireiher deines Mannes ist elegant, aber für heute eben eine überraschende Wahl."

„Männer sind wie Kinder", meinte Elisabeth nur. „Wenn man nicht auf sie schaut, stellen sie die unmöglichsten Blödheiten an."

Beide nickten in stillem Einverständnis, wie es beim hier besprochenen Geschlecht nur in Sachen Fußball und automobiler Bewunderung existiert. Die Saallichter wurden gelöscht und Anni flüsterte noch rasch, dass sie morgen zum Einkaufen nach Liezen fahre und sich über Elisabeths Gesellschaft freuen würde.

„Danke, aber ich war erst vorgestern wegen des Kostüms dort", kam die Antwort ebenfalls geflüstert. „Ich ruf' dich an, sollte ich doch was brauchen."

Am nächsten Morgen, als Anni noch keinen Gedanken an die geplante Einkaufsfahrt verschwendete, unterbrach das Telefon ihren ausgiebigen Dialog mit Zeitung und Frühstückskaffee, ein Genuss, dem sie sich in aller Ruhe hingibt, seit ihre drei Töchter aus dem Haus sind. Kaum nahm sie jedoch den Hörer ab, war es mit der Ruhe vorbei.

„Gilt dein Angebot von gestern noch? Ich muss unbedingt nach Liezen!"

Elisabeths Stimme war zu erkennen, aber die darin schwingende Aufregung war Anni völlig fremd. Bereits der Verzicht der Bürgermeistergattin auf den sonst so fröhlichen Gruß machte meine Tante stutzig.

„Natürlich", antwortete sie. „Ist es dir recht, wenn ich dich um 10 Uhr abhole?"

„Wichtig ist, dass du kommst, egal wann."

„Es ist wohl sehr spät geworden", stellte Anni eine Vermutung an, die eher von der Kenntnis ihrer eigenen Unleidlichkeit herrührte, wenn sie zu wenig Schlaf erwischt hatte.

„Nicht nur das." Elisabeth seufzte tief, die vermehrte Sauerstoffzufuhr dämpfte ihre Erregtheit ein bisschen. „Gestern bin ich nur haarscharf an der größten Blamage meines Lebens vorbeigeschrammt. Ich erzähle es dir während der Fahrt."

Anni sah ihre Freundin schon vor dem Haus warten, diesmal in der gewohnten Alltagstracht. Auf der Tragtasche in ihrer linken Hand war das Logo eines großen Liezener Modehauses zu erkennen.

Elisabeth öffnete die Beifahrertür, und Anni erkannte an ihrem Gruß mit einiger Erleichterung, dass die Fröhlichkeit zurückgekehrt war.

„Du bist meine letzte Rettung", meinte Elisabeth mit dankbarem Lächeln. „Und auch die Einzige, der ich je von dieser Sache erzählen werde."

„Also jetzt bin ich schon sehr neugierig", erwiderte Anni, während sie den Wagen in Richtung Autobahn lenkte. „Ich kann mir gar nicht vorstellen, was dir bei einem Konzert Schlimmes geschehen kann. Und auch dein Mann ist keiner, der sich daneben benimmt, außer vielleicht bei der Wahl seiner Garderobe."

„Indirekt hat es sogar damit zu tun. Schau mal."

Vor einem Zebrastreifen musste Anni halten und warf einen kurzen Seitenblick in die geöffnete Tragtasche.

„Der Pullover zu deinem Kostüm, was ist damit?"

„Am besten erzähle ich dir alles der Reihe nach." Elisabeth holte tief Luft. „Als das Konzert zu Ende war, wollte ich nicht allein nach Hause gehen, und so habe ich mich mit den Leuten unterhalten, die auch länger blieben. Du weißt ja, dass der Saal fast immer überheizt ist, und je länger wir im Stehen miteinander getratscht haben, desto heißer wurde mir. Die ganze Zeit wollte ich meine Kostümjacke ausziehen."

„Und du hast es gemacht?"

„Nein, zum Glück nicht." Elisabeth schüttelte sich, als würde der bloße Gedanke daran sie frösteln lassen. „Sonst könnte ich bis an mein Lebensende nicht mehr unter die Leute gehen – oder ich müsste auswandern!"

„Der Pullover sieht auch ohne Jacke sehr schick aus", entgegnete Anni. „Und die Farbe steht dir ausgezeichnet."

„Aber nur, wenn er nicht ohne Vorwarnung in zwei Teilen von mir abfällt!"

„Was?!" Meine Tante hatte die Worte gehört, doch deren Sinnhaftigkeit war wohl auf halber Übermittlungsstrecke verloren gegangen.

„Eine Naht hatte sich gelöst und wurde durch die raue Innenseite der Jacke von unten bis oben aufgescheuert." In der furchtbaren Erinnerung bekam Elisabeths Stimme eine leicht weinerliche Schlagseite. „Als ich die Jacke zuhause auszog, stand ich in der nächsten Sekunde in der Unterwäsche da. Stell dir nur vor, das wäre mir vor allen Leuten passiert! Ist dir klar, wie die Kritik des Konzertes in der nächsten Bezirkszeitung ausgefallen wäre? *Die Frau des Bürgermeisters riss sich vor Begeisterung die Kleider vom Leib wie weiland Mädchen bei den Beatles*, mit Foto als unwiderlegbarem Beweisstück!"

„Na ja, das wäre erst *nach* dem Konzert passiert", konnte sich Anni den aufgelegten Witz nicht verkneifen und lachte.

„Das ist bei Gott nicht komisch!"

„Ich weiß schon, entschuldige ... Aber allein die Vorstellung ..." Ihr Lachen ließ sich nicht bremsen.

„Haha, vielen Dank auch", kommentierte Elisabeth trocken. „Jedenfalls wird die Tussi in dem Geschäft was zu hören kriegen."

„Du willst also ordentlich Mode machen, wie es so schön heißt?"

Anni lachte weiter, und in der plötzlichen Dunkelheit des Selzthaltunnels stimmte auch Elisabeth ein.

Der Pullover wurde selbstredend unter vielen Entschuldigungen und Besserungsgelöbnissen umgetauscht. Elisabeth wählte jedoch nicht ein gleiches Ersatzstück, sondern entschied sich nach kurzer Anprobe für eine Trachtenbluse, die herrlich zu jenem neuen Steireranzug passen würde, den sie für ihren Mann bereits avisiert hatte, damit ihr die Notwendigkeit einer ähnlich gefährlichen Drohung wie gestern in Hinkunft erspart bliebe.

Auf dem Rückweg in den kleinen obersteirischen Ort, dessen Namen zu verschweigen ich meiner Tante hatte schwören müssen, fragte sie die Frau des Gaishorner Bürgermeisters, was sie letztendlich dazu bewogen hatte, die Jacke trotz hoher Innen- wie Außenreparatur anzubehalten.

„Ich hatte mich beim Anziehen nur im Pullover im Spiegel betrachtet und gedacht: *Oh Gott, siehst du damit fett aus!*", gab Elisabeth launig das Geheimnis preis. „Aber mit Kostümjacke ging es halbwegs, und so leistete ich mir selbst den Schwur, den ganzen Abend in kompletter Montur durchzustehen, egal was passiert."

So wird aus dieser Geschichte ein Lehrbeispiel für alle angehenden Models knapp vor der Magersucht: Selbst wenn man mit ein paar überflüssigen Kilos ausgestattet ist, können diese doch Katastrophen verhindern. Zumindest bleiben damit alle Textilien dort, wo sie hingehören.

Und *Der Frau Bürgermeister neue Kleider* bleibt ein Märchen.

Wo geht's hier vom kika nachhause?

Vor ein paar Jahren kaufte sich meine Cousine Elisabeth, damals zu Studienzwecken in Wien ansässig, ein neues Bett. Dass sie es ausgerechnet beim *kika* tat, wäre noch kein Anlass für diese Geschichte, aber das Möbelhaus und das dort beschaffte Gut werden nachfolgend auch nur eine untergeordnete Rolle spielen. Als echter Höhepunkt entpuppte sich jedoch der zunächst banal anmutende Liefervorgang von der Laxenburger Straße in die Luftbadgasse im 6. Bezirk, durchgeführt von Elisabeth und ihrem Freund Martin. Als Transportmittel diente ein *kika*-Selbstabholer-Klein-LKW, welcher der eigentliche Star in dem vom Chronisten zu schildernden Ereignis werden sollte.

Was kann schon sein?, wird der geschätzte Leser nun denken; Tausende Betten werden jährlich von Tausenden Kunden in Tausenden *kika*-Filialen österreichweit abgeholt. Das mag stimmen, doch ich bringe einen weiteren, nicht unbedeutenden Umstand zur Kenntnis. Zeit der Handlung war der 5. Jänner.

Die Wiener haben zum Winter eine besondere Beziehung. Meistens geht alles gut, bis es nach Perioden von einigen Jahren doch zum Unerwarteten kommt: Schneefall. Das ist jenes weiße, kristalline Pulver aus Wasser, das ein Bewohner unserer Hauptstadt eigentlich nur aus dem Fernsehen kennt. Wenn er ihm schon zu irgendeinem Zeitpunkt seines Lebens in natura begegnet ist, dann auf den sieben Bergen Westösterreichs – das für ihn vor St. Pölten beginnt –, aber bestimmt nicht zuhause.

Schlau, wie meine Cousine ist, hatte sie auch den Liefertermin vereinbart. Noch in den Winterferien und dazu an einem Fenstertag. Die Hoffnung, auf verkehrstechnisch einigermaßen normale Verhältnisse zu stoßen, war also durchaus berechtigt.

Beim morgendlichen Blick aus dem Fenster beschlich Elisabeth jedoch das unbestimmte Gefühl, dass der Verkehr zu den minderen Problemen des heutigen Tages gehören könnte. Es schneite in dichten, schweren Flocken, die gegenüber liegende Häuserfront war kaum zu erkennen. Die weißen Hauben auf den in der Straße parkenden Autos ließen den Verdacht aufkommen, dass jener beunruhigende meteorologische Vorgang schon die ganze Nacht hindurch stattgefunden hatte. Im ersten Impuls wollte sie sich sofort wieder in ihr altes Bett verkriechen, doch dessen schon beim Aufstehen laut protestierendes Quietschen hielt Elisabeth davon ab, noch ehe sie diesem Wunsch Folge leistete. Der Alle-Mütter-dieser-Welt-sagen-das-Spruch *„Es gibt nichts Gutes, außer man tut es"* kam ihr in den Sinn, und überdies war das Transportmittel bestellt. Die Aussicht, von nun an in einem herrlich gemütlichen, mit ergonomischem Lattenrost versehenen, nie mehr von mitternächtlichem Zusammenbruch bedrohten Bett schlafen zu können, würde sie schon alle Schwierigkeiten meistern lassen.

Zu diesem Zeitpunkt glaubte sie das tatsächlich noch.

Der Weg in die Laxenburger Straße war wie erwartet frei – nicht von Schnee, aber von Räumfahrzeugen. In Wien ist ab der Erkenntnis, dass es in der Nacht geschneit hat und immer noch schneit, bis zum Einsetzen der ersten Gegenmaßnahmen die Beamten-Befehlskette einzuhalten, das dauert natürlich. Martins Fahrzeug bestach jedoch durch auf den Bergen der Obersteiermark tausendfach erprobte Qualitäten, daher war diese erste Hürde für ihn nicht mehr als leichtes Aufwärmtraining. Sie wechselten in den Selbstabholer-LKW, das Bett wurde verladen, und damit ging es richtig los.

Es ist ein gut gestreutes Gerücht, dass die Wiener weniger fahren, wenn es schneit. Sie fahren nur anders, weil es sich für *einen* läppischen Tag mit Schneefahrbahn wirklich nicht lohnt, auf entsprechendes Equipment umzustellen. Unter *Schneekette* versteht der Einheimische sohin eine groß angelegte Razzia der Drogenfahndung, und *Winterreifen* bekommt man günstig beim Gebrauchtwagenhändler, um ihnen als niedrig profilierte Sommer-Patscherln am Zweitwagen ein zweites Leben zu schenken. Verbunden mit den zuvor geschilderten Wetterverhältnissen, ergibt das eine slapstickartige Vorstellung: rutschen, fluchen, hängenbleiben, wieder fluchen, mit dem nachfolgenden Fahrer über den eigenen und fremden Erwerb der Lenkerberechtigung debattieren („Du host jo dein' Schein auf Kuba g'mocht, woascheinlich durt no' im Lotto, vua da Revolution!") und schließlich fluchend gegen die eigene Karre treten.

Elisabeth und Martin, deren LKW mit neuen und damit tauglichen

Winterreifen ausgestattet war, wurden zusätzlich mit einem weiteren Problem konfrontiert. Obwohl Wien mitten im Flachland liegt, geht es nicht zu knapp bergauf und bergab. Das merkt man jedoch erst, wenn man bei Schneetreiben auf einer Schneefahrbahn mit einem Doppelbett im Laderaum unterwegs ist.

Zunächst lief alles noch relativ glatt (wie schnell harmlose Begriffe satirisch wertvoll werden können, erstaunt mich immer wieder!). Martin packte seine Fahrkünste aus und steuerte das Fahrzeug sicher bis zur Rechten Wienzeile, über den Wien-Fluss und vorbei am Naschmarkt. Jetzt waren sie schon fast am Ziel; durch eine letzte hohle Gasse mussten sie noch kommen. Die Kombination aus Schnee, fehlenden Schneeketten, schwerer Beladung und ansteigender Straße war jedoch ein übermächtiger Gegner. In unmittelbarer Nähe befand sich auch kein Parkplatz, welcher die Variante, das Bett bis zur Wohnung – noch dazu auf glitschigem Untergrund – huckepack zu nehmen, wirklichkeitsnah hätte erscheinen lassen.

Aber weder meine Cousine noch ihr Freund ließen sich von diesen widrigen Umständen entmutigen; hier schlug der typisch obersteirische Dickschädel in voller Pracht durch. Was die sich in den Kopf setzen, setzen sie auch irgendwie in die Tat um. Die Planbesprechung dauerte gerade so lange wie eine von Martins Zigarettenpausen, und die darin entwickelte Idee konnte sich durchaus sehen lassen. Sie beruhte auf der beruhigenden Tatsache, dass eine bergauf führende Straße auch bergab verläuft, am wahrscheinlichsten dann, wenn man sie von der anderen Seite her ansteuert. Also zurück auf die Rechte Wienzeile, über den Gürtel, in die Gumpendorfer Straße und danach Anvisierung des Zieles wie gehabt, nur von oben. Zur moralischen wie körperlichen Unterstützung wurde auch noch eine zusätzliche Freundin via Mobiltelefon mobilisiert; an Physis und Psyche sozusagen neu bewehrt, fassten sie im Trio frischen Mut und zogen wieder in den Kampf gegen die urbanen Naturgewalten.

Die Pause hatte jedoch nicht nur neue Lösungen gebracht, sondern auch neuen Schnee. Da man in der zuständigen Magistratsabteilung vermutlich schon überlegte, ob es überhaupt noch Sinn machte, gegen einen so grausamen Wettergott anzugehen, war die Lage auf den Straßen in mehrfacher Hinsicht eine deprimierende, und bevor unsere drei furchtlosen Helden des Winters wieder auf die Rechte Wienzeile gelangen konnten, verweigerte ihr fahrbarer Untersatz trotz vermehrter Zufuhr von Nahrung das Vorwärtskommen.

„Ich habe mir geschworen, nie mehr in meinem alten Bett zu schlafen", presste Elisabeth wie eine Mafiapatin zwischen den Zähnen hervor und dachte dabei an lose Federn, spitze Schrauben und absplitterndes Holz. „Los, Bea, wir schieben!"

Nun weiß ich nicht, wie es um die Muckis der Freundin bestellt ist, aber meine Cousine ist eher zart gebaut, was die Vorstellung, sie würde einem LKW, wenn auch nur einem kleinen, Schubhilfe geben, durchaus in die Nähe einer gelungenen Karikatur rücken lässt. Die ihr von Herkunft angeborene Sturheit erwähnte ich aber bereits, und diese kann ja bekanntlich ungeahnte Kräfte freisetzen. Vielleicht ist Bea auch ein Kraftbolzen mit Talent zum Bankdrücken – jedenfalls haben sie es tatsächlich geschafft, das Fahrzeug wieder ins Rollen zu bringen.

Auf der Wienzeile war dann wieder Martin gefordert, nun drohte schon die Ebene zum Hemmnis zu werden. Kapitulieren musste er jedoch erst am Gürtel – nicht vor dem Schnee oder der ansteigenden Fahrbahn, sondern *hinter* einem süditalienischen Sattelschlepper, dessen Fahrer vermutlich noch nie in seinem Leben so viel von der weißen Pracht auf einem Haufen gesehen hatte.

Wieder folgte heftiges Anschieben, was diesmal leider erfolglos blieb. Jetzt war es eindeutig an der Zeit, ein paar deftige Flüche abzulassen. Da dieses alte Hausmittel – wider Erwarten – auch nicht half, verfiel Elisabeth in einem plötzlichen Geistesblitz auf die Segnungen der modernen Technik. Sie fischte ihr Handy aus der Tasche und wählte die *kika*-Kummer-Nummer, welche offiziell mit dem typisch einheimischen Begriff *Customer Service Line* betitelt ist.

Während die drei auf der Straße keinen Millimeter vom Fleck kamen, drehte meine Cousine am Telefon mit wachsender Ungeduld ihre Runden – in der Warteschleife.

„Willkommen bei kika", säuselte da eine weibliche Stimme, die perfekt zwischen kauflustiger Fröhlichkeit und einem Hauch Erotik pendelte (was die Tatsache negiert, dass die meisten Möbel von Frauen ausgesucht werden – uns Männern fällt meistens die Aufgabe des Zahlens zu). *„Wir freuen uns über Ihren Anruf. Bei Freiwerden einer Leitung werden wir uns sofort ..."* und so fort. Bald konnte Elisabeth das Mantra stumm begleiten. Aufhorchen ließ sie nur der Satz *„Sie können kika auch jederzeit im Internet besuchen."*

„Ich war gerade dort", grummelte sie frierend vor sich hin. „Und zwar ganz real."

Als sie schon gar nicht mehr daran glaubte, meldete sich tatsächlich jemand von der *Customer Service Line*. Mühsam das linke Ohr zuhaltend und das Telefon ans rechte gepresst, gelang es Elisabeth, ihr Anliegen vorzutragen. Sogleich erklomm sie – nach Warteschleife und wienerisch freundlicher Gesprächspartnerin – die dritte Stufe ihrer Kommunikationsodyssee: Sie wurde weiterverbunden.

Im Kampf gegen die furchtbaren Mächte des Winters hatte sich inzwischen eine zweite Front aufgetan. Ein weiterer Klein-LKW (vielleicht von IKEA oder vom Lutz, aber das ist unbestätigt) war hinter dem Laster unserer Freunde hängen geblieben. Der Fahrer wusste trotz des dichten Schneetreibens, dass der Wiener Gürtel normalerweise drei Richtungsbahnen aufweist, also suchte er artig an, ob Bea, die augenscheinlich nichts zu tun hatte, sich schiebend an dem Versuch beteiligen könne, auf die zweite Spur zu gelangen – ihre Qualitäten auf diesem Gebiet habe er soeben ausreichend studiert. Von diesem Kompliment geschmeichelt, legte Bea gleich kräftig Hand an, und dem eben noch Drittplatzierten gelang es tatsächlich, die Kurve zu kratzen.

Doch sollte man sich nicht nur vor den Danaërn hüten, wenn sie Geschenke bringen, sondern auch vor dem Wettergott. Dieser zweifelhafte Erfolg plötzlicher Bewegung brachte den Klein-LKW, genau als er auf der zweiten Spur das *kika*-eigene Fahrzeug überholen wollte, eine Rutschphase ein, die beinahe im von Martin besetzten Führerhäuschen geendet hätte. Einen Zwischenfall dieser Art hatte das Schicksal dann doch nicht vorgesehen (von *konnte verhindert werden* darf bei Betrachtung der Umstände wohl kaum die Rede sein), aber Martin brauchte dringend eine weitere Rauchpause. Und Bea schwor sich, in ihre Hilfsbereitschaft künftig die zu erwartenden Folgen derselben besser einzubeziehen.

„Nein, ich brauche keinen Termin für einen Klein-LKW!", schrie Elisabeth derweil, so laut sie konnte, ins Mikrophon ihres Handys. „Ich habe schon einen! Mir fehlen aber die Schneeketten dafür!"

„Die sind für Selbstabholer nicht vorgesehen", klärte sie die für den Fuhrpark zuständige Dame unmissverständlich auf. „Wenn die

Wettersituation eine Lieferung nicht zulässt, müssen Sie eben später fahren."

„Das würden wir ja gerne, aber wir stehen schon mitten am Gürtel und kommen nicht vorwärts. Es besteht sogar höchste Gefahr zurückzurutschen!"

Hier hatte sie ein bisschen übertrieben, aber nur in der Überzeugung, es sei ein drastischeres Bild vonnöten, um der im warmen, heimeligen Büro sitzenden Angestellten die bestehende Ausnahmesituation begreiflich zu machen. Und sie hatte Erfolg.

„Geben Sie Ihre genaue Position durch", klang der Ansatz eines Lösungsvorschlags aus dem Lautsprecher. „Ich schicke einen Kollegen, der nach Ihnen sieht."

Zufrieden kam Elisabeth dieser Aufforderung nach und vergaß auch nicht, die Mobiltelefonnummer jenes Kollegen einzufordern, falls sich an ihrer momentan doch einigermaßen exponierten Adresse *Wien, Gürtel, 1. Spur* etwas ändern sollte.

Und tatsächlich erschien ein Lichtstreifen; zwar nicht am Horizont, auch nicht am Himmel über ihnen; der ließ weiter Schnee fallen, als wollte er Wien einen auf Jahrzehnte unauslöschlichen Rekord bescheren. Am Schauplatz Nr. 3, beim süditalienischen Sattelschlepper vorne (wir erinnern uns: Elisabeth und Freunde in der Mitte, fremder Klein-LKW hinten bzw. gefährlich nah an der Seite), war es dem Fahrer mittlerweile gelungen, die zum allseitigen, großen Staunen vorhandenen Schneeketten anzulegen. Nach getaner Arbeit grinste er mitleidig-wissend nach hinten, hob die Hand zum Gruße („Ich verschwinde jetzt aus dieser weißen Hölle, Amici!") und kam nach Ausstoß einer gewaltigen Dieselwolke tatsächlich weiter.

Dass ein derartiger Durchbruch einem Südeuropäer, nicht aber den Alpenrepublikanern gegönnt sein sollte – noch dazu Obersteirern, die, wie Legenden besagen, *erst* Schi fahren und *dann* gehen lernen –, stachelte den Ehrgeiz der drei Freunde neuerlich an. Es galt, die Ehre der ganzen Nation zu verteidigen, das Andenken von Heroen wie Anderl Molterer, Franz Klammer und Hermann Maier. Also gab Martin unverzüglich die einzig zulässige Parole aus: „Schieben, Mädels!"

Elisabeth und Bea stemmten sich mit allen zur Verfügung stehenden Kräften und noch größerem Willen gegen das Hinterteil des Fahrzeuges, Martin erledigte seine Aufgabe mit genau dosiertem, sanftem

Druck auf das Gaspedal und scheute sich auch nicht, die eher homöopathische Hilfe des guten Zuredens in Anspruch zu nehmen. Mit diesen vereinten Anstrengungen schafften sie es in der Tat, den Klein-Laster wieder seiner ihm vom Erfinder ursprünglich zugewiesenen Aufgabe gemäß zu verwenden. Die Reifen protestierten zwar lautstark durchdrehend, aber letztendlich bewegte er sich doch.

Wer nun glaubt, diese – trotz der Kälte – schweißtreibende Geschichte sei ausgestanden, den muss ich leider enttäuschen. Durch den jetzt fahrenden Transporter ergab sich die kurioseste und für Elisabeth und Bea wohl auch peinlichste Episode des gesamten Tages. Da Martin sein großes Glück der zurückgewonnenen Mobilität nicht riskieren wollte und daher auch nicht mehr anhielt, mussten die beiden auf dem dreispurigen Wiener Gürtel im dichten Schneefall einem Fahrzeug hinterherlaufen. Dass auf dessen rückwärtiger Plane knackig *So geht's zu kika!* geschrieben stand, war keine zur Nachahmung geeignete Motivationshilfe.

Erst als Martin durch die eindeutig übergeordnete Macht einer roten Ampel zum Halten gezwungen war – für die Verfolgerinnen eine Ewigkeit plus Abzweigung nach rechts später –, gelang es ihnen, wieder an Bord zu kommen, abgehetzt und erfroren zugleich.

„Das nächste Mal fahre ich, da kannst du was erleben", keuchte Elisabeth und fügte, das Grinsen ihres Freundes ignorierend, hinzu: „Wenn uns *dabei* jemand fotografiert hat, mache ich dich persönlich dafür verantwortlich!"

Für einen ordentlichen Beziehungsstreit fehlten ihnen jedoch Zeit und Muße, denn aktuell stand die Bewältigung der durchwegs bergauf führenden Gumpendorfer Straße an. Im Nachhinein war die Belastung der Nerven gravierender als jene des *kika*-Lasters, und der Parkplatz, welcher sich wie aus dem Nichts vor ihnen auftat, befand sich in einer Entfernung zur Wohnung, die den manuellen Transport ihrer Ladung zu derselben als durchaus bewältigbar erscheinen ließ. Daher verzichteten sie auf ihren ursprünglichen Plan, das Gefälle der beiden letzten Gassen ausnützen zu wollen und organisierten stattdessen spontan Martins Bruder Harald als zusätzlichen Lastenträger.

Endlich dem Unbill der Natur entronnen, bestand die allerletzte Hürde aus vier Stockwerken; daher war noch einiges an Muskelkraft, Willenskraft und Kraftausdrücken notwendig, ehe das Doppelbett an seinem endgültigen Bestimmungsort angelangt, ausgepackt und montiert war. Nach Vollbringung des Werkes besaßen die vier gerade noch die Fähigkeit, Flaschen mit kühlen Erfrischungen an die Lippen zu führen. Für die Verwendung eines Glases, das ja Einschenken *und* Trinken erfordert hätte, gab es keinerlei Reserven mehr.

Ich kann jedoch ein gutes Ende der Geschichte verkünden: Die erste Nacht, welche Elisabeth und Martin im nagelneuen Bett verbrachten, soll nach eigenen Angaben himmlisch gewesen sein. Und ich gehe jede Wette ein, dass dabei von einem Himmel ohne Schneefall die Rede war.

Der versprochene *kika*-Mann? Er traf gerade rechtzeitig ein, um den firmeneigenen Transporter abzuholen. Wir wollen hoffen, dass er seine Arbeitsstelle samt Fahrzeug gesund und sicher erreichen konnte.

Andernfalls wurde er zwischenzeitlich bestimmt schon von einem Schneehaufen freigegeben – auch in Wien kam irgendwann wieder der Frühling.

Hundebeziehung

Meine Beziehung zu Hunden ist gespalten. Jene, die mich kennen, mögen mich (so hoffe ich zumindest), die anderen hassen mich abgrundtief. Ich erlebe das immer wieder auf meinen Spaziergängen. Trotz zigfach vorhandener Hinweistafeln ist oft nur das Herrchen bzw. Frauchen angeleint, indem es den mit zur Wortfamilie gehörendem Substantiv bezeichneten Gegenstand entweder am Handgelenk oder lässig über die Schulter geschwungen trägt. Meine Begegnungen mit den – angeblich! – besten Menschenfreunden laufen immer nach dem gleichen Schema ab:

1. Hund bleibt stehen und schaut, ich bleibe stehen und schaue zurück, Herrchen geht weiter und tut, als ob nichts wäre.

2. Hund knurrt mich an, ich kann leider nicht zurückknurren, Herrchen bleibt stehen und wundert sich ostentativ.

3. Hund kommt knurrend auf mich zu, ich schaue fragend zum Herrchen, das endlich die bekannten und erlösenden Worte spricht: „Keine Angst, der tut nichts. Er ist bloß neugierig."

Bis heute ist es noch nicht zu Punkt 4 gekommen, aber irgendwann, wenn mich einmal so neugierige wie spitze Zähne ins Bein gebissen haben, werde ich das in der Evolution eigentlich höher eingestufte Wesen sagen hören: „Er hätte eh nichts getan, wenn Sie nicht so komisch gegangen wären."

Prinzessinnen auf Erbsen

Es waren einmal zwei deutsche Industriellengattinnen. Die hatten, weil ihre besseren Hälften mit einem goldenen Riecher fürs Geschäftliche gesegnet waren, nicht viel zu tun, aber ein erstaunliches Budget zur Verfügung. Nachdem die Lieblingsboutique leer gekauft und die Lieblingsbeautyfarm abgegrast war, blieb noch immer mehr als genug übrig, um dem Ehemann beim gemeinsamen Essen im Lieblingsrestaurant eine unter der Gurken-Mango-Fango-Gesichtspackung entwickelte Idee näherzubringen.

„Liebling, ich möchte einen Zweitwohnsitz."

„Zu welchem Zweck, Schatzi?", erwiderten die Gatten unisono. An dieser Stelle endet nur eine der erstaunlich vielen Parallelen unserer beiden Paare, denn die Damen – nennen wir sie Ida und Frida – gaben unterschiedliche Antworten.

„Für den Sommerurlaub", sagte Ida.

„Für den Winterurlaub", sagte Frida.

„Und wo?"

Hier war sich die Weiblichkeit wieder einig. „Es gibt doch dieses Land mit den vielen Bergen, intakter Natur und einfachen Eingeborenen. Wie heißt es noch gleich?"

„Österreich?"

„Du hast es erfasst."

„Gut, im nächsten Urlaub halten wir nach etwas Passendem Ausschau."

„Du bist der Beste!", strahlten Ida und Frida glücklich und ließen als kleinen Ersatz für die Entbehrungen auf der Beautyfarm die Dessertkarte kommen.

Frida wurde als Erste fündig; weil der Winter dem Sommer zuvor kam, aber auch durch die zufällige Begegnung mit einem Immobilienmakler während eines Tankstopps gleich hinter der Grenze. Dieser erschnüffelte auf Fridas harmlose Frage an den Tankwart, ob nicht „irgendwo in den Bergen schnuckelige Ferienwohnungen zum Verkauf stünden", die Chance auf eine fette Provision wie ein Spürhund ein Gramm Kokain in einem Kilometer Entfernung. Er lotste das Paar ins Salzburger Flachau, und zur großen Überraschung ihres Gatten, der sich innerlich schon auf eine tagelange Herbergsuche eingestellt hatte, sagte Frida schon das dritte besichtigte Objekt zu, obwohl es beinahe steinzeitlich ausgestattet war: drei Zimmer, ohne begehbaren Schrank, nur eine Toilette. Völlig neu war für Frida der Herd mit ordinären Kochplatten; das fand sie ausgesprochen putzig.

„Im Ort gibt es viele gute Restaurants, gnädige Frau, von regional bis international", kam der Makler geschickt einer etwaigen Befürchtung seiner Kundin zuvor, tatsächlich selbst kochen zu müssen. Solcher Anstrengungen hätte es nach dem Betreten des Balkons gar nicht mehr bedurft – Frida blieb angesichts des beeindruckenden Bergpanoramas buchstäblich die Luft weg. Ihr ehrfürchtiges Schweigen war dem Gatten Befehl.

„Gekauft", sagte er zum Makler. „Wann können wir den Vertrag unterschreiben?"

„Kommen Sie morgen in mein Büro, wann immer es Ihnen beliebt", lautete die zuckersüß gesäuselte Antwort. „Ich möchte noch anmerken, dass die Talstation des örtlichen Schilifts nur fünf Gehminuten von hier entfernt liegt. Sie haben da ein Juwel erstanden!"

Bis das Juwel jedoch in seiner vollen Pracht erstrahlte, sollte ein weiteres Jahr vergehen, denn Frida hatte in der bescheidenen Erwartung, ohnehin nichts Adäquates zu finden, eine Nachfolgebehandlung auf der Lieblingsbeautyfarm gebucht. Erst wollte sie diese stornieren, ließ sich dann aber vom guten Zureden ihres Mannes („Dafür schauen wir auf der Rückfahrt bei *Villeroy&Boch* vorbei") doch von der Sinnhaftigkeit der Wellnesswoche überzeugen.

Als Belohnung für Fridas so tapfer ertragene Geduld wollte es der Industrielle bei der Einweihung des ländlichen Zweitwohnsitzes so richtig krachen lassen: mit dem Pferdeschlitten auf den Berg, mit einer urigen Holzrodel wieder herunter, und als krönender Abschluss ein romantisches Abendessen zu zweit in den neu eingerichteten vier Wänden, betreut vom besten Caterer der Umgebung – der Mann war bass erstaunt gewesen, ein solches Unternehmen im österreichischen Branchentelefonbuch zu finden. Alles wurde von seiner Chefsekretärin mit norddeutscher Gründlichkeit organisiert.

Dank modernster Satellitennavigation fand das Ehepaar anstandslos den Treffpunkt, wo der Pferdeschlitten bereitstehen sollte. Als sie aber aus ihrem 7er-BMW stiegen, entdeckten sie nur ein verschrumpeltes Männlein, das sich ihnen mit den kaum verständlichen Worten „Griaß eich, i bin da Habersatter Wiggerl!" vorstellte. Von Pferd oder Schlitten war weit und breit nichts zu sehen, obwohl sie bestellt waren.

„Wo befindet sich Ihr Gefährt samt Zugmaschine, guter Mann?", erkundigte sich Frida, die es nicht gewohnt war, dass erteilte Anweisungen nicht ausgeführt wurden.

„Da Herr Petrus in Himmel hot ins leida in Stich lossn", erklärte Wiggerl das Offensichtliche, unterstrich es aber mit einem bedeutungsvollen Blick nach oben. „Und fias Nochhölfn woas bisher a z'woam."

„Haben Sie für eine solche Situation einen Plan B?"

„An wos?"

„Einen anderen Vorschlag."

Den hatte Wiggerl trotz der Verständigungsprobleme und zur Überraschung des deutschen Ehepaares tatsächlich. Sie fuhren mit der eigens aus diesem Anlass aktivierten Seilbahn auf einen Berg, genossen dort einen fantastischen Rundblick und wanderten unter fachkundiger Führung des Einheimischen wieder ins Tal. Es war nicht so romantisch wie erhofft, aber die anregende Bergluft versetzte Frida in eine heitere Stimmung, sodass sie sich bestens gelaunt verabschiedete.

„Die Schlittenfahrt holen wir nach, nicht wahr, Herr Wiggerl?"

„Bist gscheit, oba frailich", versprach dieser. „In die nextn Nächt' sull's e scho' koit wern, do kemma dem Petrus a bissl nochhölfn."

Sowohl Frida als auch ihr Gatte deuteten das als ein Ja und begaben sich in ihre Wohnung, wo das vom Wetterheiligen unabhängige romantische Abendessen schon für sie zubereitet wurde.

Mitten in der Nacht schreckte Frida aus ihrem Bett hoch. Grund dafür war ein tiefes Brummen, das seine Ursache direkt vor dem Schlafzimmerfenster zu haben schien und langsam anschwoll. Frida rüttelte ihren Gatten, der – wie immer nach einem opulenten Essen – mit dem Schlaf eines Scheintoten gesegnet war.

„Was um alles in der Welt ist das?", wisperte sie ängstlich. „Liegt Flachau auf einer Erdbebenlinie, die breiter ist als der San-Andreas-Graben?"

„Dann würde bestimmt das ganze Haus wackeln", sagte ihr

Mann beruhigend, doch auch ihm waren die seltsamen Laute alles andere als geheuer. Das Brummen hatte sich mittlerweile auf ein beständiges Niveau eingependelt und wurde zudem von einem scharfen Zischen begleitet. Als er aus dem Bett stieg um Nachschau zu halten, vibrierte der Fußboden nicht; ein Erdbeben konnte sohin ausgeschlossen werden.

Er warf seinen Schlafmantel über und huschte auf den Balkon, wo sich die Lärmquelle in der nächsten Sekunde offenbarte. Der Industrielle dachte lächelnd an den furchtbaren Dialekt des alten Wiggerl und ging wieder hinein.

„Was hast du gesehen?", raunte Frida unter der Bettdecke, wobei sie sich davor hütete, ihre Nase der nun deutlich kühleren Zimmerluft auszusetzen.

„Sie helfen dem Petrus nach", sagte ihr Gatte und legte sich hin.

„Was soll das heißen?" Nun klang ihr Raunen deutlich missmutiger. „Ein Tag in Österreich, und du redest schon wie ein Eingeborener."

„Schneekanonen", erklärte er schlicht. „Sie beschneien die Pisten."

„Aber das geht doch nicht!", protestierte Frida. „Jedenfalls nicht vor *unserem* Schlafzimmerfenster!"

In ihrem Mann keimte der leise Verdacht, dass die Schipiste es wegen der neuen Wohnungsbesitzer kaum vorziehen würde, unbeschneit zu bleiben oder sich an einen anderen Hang zu vertschüssen, aber Frida wollte sich gar nicht mehr beruhigen.

„Mach was, Liebling!", flehte sie. „Sprich mit dem Schneekanonenbetreiber, dem Makler oder dem Bürgermeister, aber mach, dass dieser schreckliche Radau aufhört!"

Sie sprang wie von der Tarantel gestochen aus dem Bett, kippte einen dreifachen *Asbach Uralt* ex und zog anschließend die Decke bis über die letzte Haarspitze.

Der Makler war am nächsten Vormittag nicht in seinem Büro, die Schiliftgesellschaft als Betreiberin der inkriminierten Schneekanonen befand sich in einer anderen Stadt. Deshalb ging der Industrielle zum Bürgermeister und trug sein Anliegen vor, welches eigentlich das seiner Frau war. Der Ortschef zeigte Verständnis für die nächtliche Lärmbelästigung, erklärte die Sache jedoch als außerhalb seiner Zuständigkeit befindlich, was bei uns, wie der gelernte Österreicher weiß, zu den bevorzugten Handlungen öffentlicher Amtsträger gehört.

Also doch zur Schiliftgesellschaft. Wieder einen Tag später – die Nacht war in Brummen und Zischen der ersten um nichts nachgestanden – fuhr das Ehepaar zum Sitz des Unternehmens und beschwerte sich ausführlich über die unhaltbare Situation. Doch es half nichts: Die böse Hexe des Märchens hatte als Chefsekretärin des Vorstandsdirektors ihren Kurzauftritt und weigerte sich standhaft, den Weg ins Allerheiligste ihrer Firma freizugeben. Fridas Empörung nahm sie zwar zur Kenntnis, beharrte jedoch mit dem Satz „Wir brauchen die Schifahrer für unsere Tourismusbilanz, und wir brauchen die Nächte für die Schneeproduktion" auf ihrem Standpunkt.

Der Geschäftsinstinkt des Industriellen pflichtete mit stillem Nachdruck bei, hatte er doch längst erkannt, in dieser Diskussion auf verlorenem Posten zu stehen. Auf der Heimfahrt, während welcher Frida ununterbrochen klagte und jammerte, machte ihr Mann daher einen teuren, aber umso liebevoller gemeinten Vorschlag: „Es gibt sicher noch viele Apartments mit einer tollen Aussicht in Salzburg. Möchtest du dich nach einem anderen ... –"

„Ich habe mich in diese Wohnung *verliebt*!", unterbrach Frida ihn schroff. „Ruf deinen Anwalt an. Er hat unseren Ehevertrag aufgesetzt, also wird er auch mit einer Schneekanone fertig werden!"

Zu Zeiten der Gebrüder Grimm wurden die Bösen noch in den Ofen geschubst und verbrannt. Im 21. Jahrhundert reicht man Klage wegen unzumutbarer Lärmbelästigung ein – was der Industrielle auch tat.

An dieser Stelle widmen wir uns einer anderen Jahreszeit und einem anderen Ehepaar. Ida und ihr Mann waren, wie eingangs erwähnt, eher der Sommerfrische zugetan. Ansonsten kann die Geschichte jedoch abgekürzt werden, unterscheidet sie sich ja kaum von der soeben berichteten. Ida hatte in einem weststeirischen Dorf ein altes Bauernhaus entdeckt und liebgewonnen, ihr Mann war – nach einem Blick auf die sprachlose Begeisterung seiner Gattin – ohne ein weiteres Wort für die horrenden Restaurierungskosten aufgekommen.

Doch auch hier wurde der erste Urlaub zu einem lärmgeplagten Desaster. Ursache waren diesmal nicht generatorenbetriebene Schneekanonen, sondern (Achtung, es geht noch banaler) Kuhglocken. Die

Kühe des Nachbarbauern machten mit derartiger Konsequenz auf sich aufmerksam, dass Ida, nach einem ähnlichen Hin und Her wie in Flachau, ihren Mann zu einer Klage gegen das unzumutbare Geläute überredete.

Weil Märchen immer gut ausgehen, endet auch diese moderne Fassung der *Prinzessin auf der Erbse* positiv, und das gleich doppelt: Nach zähen Verhandlungen über zwei Instanzen wurde den steirischen Kuhglocken das ältere Recht gegenüber zugereisten deutschen Zweithausbesitzern bescheinigt. Sie dürfen also, allen Idas dieser Welt zum Trotz, weiterhin an ihrem angestammten Platz läuten. Und auch das andere deutsche Industriellenehepaar trat mit seiner Klage gegen die Flachauer Schiliftgesellschaft den Rückzug an. Als kleinen Trost bekam Frida von ihrem Mann eine Großpackung *Ohropax* geschenkt.

Sohin kann jeder österreichische Wintertourismusverantwortliche weiterhin ruhig schlafen.

Hungeropfer

Neulich komme ich so hungrig nach Hause, dass ich entgegen meiner Gewohnheit darauf verzichte, mich vor dem Essen umzuziehen. Es liegt wohl auch an der Vorfreude auf die eben erstandenen Tomaten und meinen Lieblingsmozzarella, und so mache ich mich ohne diese fünfminutige Unterbrechung, in welcher ich ansonsten den Hungertod gestorben wäre, an die Zubereitung von Caprese: reichlich Olivenöl, noch mehr Basilikum – herrlich!

Getreu einem alten Spruch, befolge ich auch beim Verzehr der Köstlichkeit sämtliche Vorsichtsmaßnahmen, um meine Kleidung zu schützen: *Beim Essen muss man sich nach vorne beugen, beim Trinken nach hinten, beim Arbeiten ...* aber lassen wir die Details. Genüsslich schneide ich eine dicke Tomatenscheibe in zwei Hälften und führe eine davon mit dem Entzücken des Gourmets zum Mund, da rutscht dieses hinterhältige Gemüse doch tatsächlich von der Gabel und fällt mit einem deutlichen *Platsch!* in die perfekt komponierte Mischung aus kaltgepresstem Öl, Balsamicoessig und Kräutersalz. Dem Geräusch folgt Entsetzen, noch ehe ich den Folgen angesichtig werde: Eine zentimeterhohe Fontäne steigt auf und verteilt sich gleichmäßig auf meinem neuen, blitzblauen *Eterna*-Hemd. Das entstandene Muster braucht den Vergleich mit einer von Hermann Nitsch angeschütteten Wand nicht zu scheuen.

Der nächste Schwall kommt aus meinem Mund und besteht aus einer Reihe von der Zensur unterworfenen Kraftausdrücken. Ich schmeiße das Hemd in die Wäsche, entledige mich sicherheitshalber auch gleich der Hose und sitze fünf Minuten später wieder am Esstisch – in einem uralten Jogginganzug, dessen Verunzierung durch eine ähnliche Dressingattacke höchstens Trauer über die schändliche Verschwendung von Lebensmitteln ausgelöst hätte.

Als ich Tage später das blitzblaue Hemd von meiner Wäschefrau überreicht bekomme, bin ich nicht mehr sicher, ob mich die fürs Umziehen notwendige Zeit wirklich das Leben gekostet hätten. Mein hirnloser Verzicht darauf hat aber in jedem Fall ein Opfer gefordert: Selbst ein Kurzsichtiger mit 5 Dioptrien erkennt die nach dem Waschen verbliebenen Schatten.

Am besten, ich schenke das Hemd Hermann Nitsch. Vielleicht stellt er es in seinem Museum aus.

Weihnachtsstress, wissenschaftlich

Neulich wurde in der Enge eines Kartenbüros am Salzburger Residenzplatz der wissenschaftliche Beweis erbracht, wer wirklich die Schuld am Weihnachtsstress trägt. Das Ergebnis der persönlich vom Chronisten durchgeführten Studie überrascht nicht und ist eindeutig: Es sind – die anderen!

Bevor ich nun die Testergebnisse im Detail der Öffentlichkeit präsentiere, möchte ich erläutern, wie dieses die stillste Zeit des Jahres ad absurdum führende Experiment zustande kam. Meine Eltern hatten sich zu ihrem schon traditionellen Adventwochenendbesuch in Salzburg angesagt, was für mich (neben zeitgerechter Verständigung meines Reinigungsheinzelfrauchens) wie immer bedeutete, für ansprechendes Kulturprogramm zu sorgen. Ich klickte mich durch die Internetseiten des schon erwähnten Kartenbüros und wurde alsbald fündig. Seit Jahren gibt es im salzburgischen Dezember zwei Veranstaltungsanhäufungen, denen man bei durchschnittlicher Frequentierung der Innenstadt ebenso wenig entkommt wie einer Begegnung mit Thomas Gottschalks bis zur Unkenntlichkeit geschminkten Ehefrau vor den Festspielhäusern im Sommer. (Falls Sie in dieser Erklärung eine gewisse Unlogik zu erkennen glauben: Gerade das auf Unkenntlichkeit getrimmte Make-up von Frau Gottschalk ist ihr nicht zu verkennendes Erkennungszeichen!) Dies sind zum einen die Weihnachtsmärkte, deren Schauwert und Angebotsqualität sich indirekt proportional zur Veranstaltungsgröße verhält. Und zum zweiten die inflationär gewordene Anzahl von Adventsingen, Krippenspielen und sonstigen Besinnlichkeiten.

Weihnachtsmärkte satirisch zu beschreiben hieße Eulen nach Athen zu tragen. Um die Mittagszeit ist es zwar noch möglich, über den Domplatz zu bummeln: Man hat halbwegs freie Bahn, weder ist die Luft vom Punschdampf geschwängert, noch quellen die Mistkübel über. Aber wer ist bei hellstem Sonnenschein schon in Weihnachtsmarktbummelstimmung? Meine Eltern und ich verzichteten – unabhängig von Tages- oder Nachtzeit – genau in dem Moment auf den diesjährigen Besuch von Weihnachtsmärkten, als wir an einer Einfahrtsstraße vier überfüllten italienischen Reisebussen angesichtig wurden, deren hyperfröhliche Insassen nur ein Ziel vor Augen hatten: die akustische und räumliche Machtübernahme der Salzburger Altstadt!

Zum Adventsingen hingegen wollten wir auch heuer, denn selbst das Überangebot hatte es bisher nicht geschafft, uns die Freude an dieser Mischung aus Chorgesang, Instrumentalmusik und Lesung zu verderben. Also reservierte ich im Internet drei Karten und machte mich in der klirrend kalten Winterdämmerung eines langen Arbeitstages auf den Weg, diese abzuholen.

Erst stolperte ich über die Eingangsstufe des Kartenbüros, danach in jenes wissenschaftliche Experiment, das zu meiner eingangs erwähnten, unumstößlichen Schlussfolgerung führen sollte.

Die Räumlichkeit ist eher knapp bemessen, was sowohl für die Kunden als auch für die Damen an den Computerterminals gilt. Dass sich der/die Kultursüchtige den Platz zusätzlich mit einem Tischchen für Prospekte und mit zwei Sesseln teilen muss – als Zwischenstation für genervte Kartenabholer, wenn sich Spontanwochenendtouristen nicht entscheiden können, ob sie ein Essen mit Mozart-Arien, die Sound-of-Music-Tour oder doch lieber einen Besuch bei den schutzbedürftigen Nutztieren auf Gut Aiderbichl buchen wollen –, kann ich noch verstehen, aber die fette Litfaßsäule gleich rechts neben der Tür ist für mich ein schreiendes Mahnmal für Sinnlosigkeitssünden im Marketing: Steht man in der Warteschlange, also direkt neben der Säule, ist es unmöglich, darauf etwas ohne Halsstarrkrampf zu lesen. Der ideale Entfernungspunkt befindet sich an der Budel, aber ist diese endlich erreicht, gilt die Aufmerksamkeit natürlich dem Verkaufsgespräch. Zudem wäre es in hohem Maße unhöflich, der Dame mit den Worten: „Moment, ich muss erst die Plakate auf der Litfaßsäule studieren", den Rücken zuzuwenden.

An besagtem Abend reichte die Warteschlange sogar noch am dicken Werbeträger vorbei bis hinter die Tür, deren Rückseite man nur mit äußerster Vorsicht nicht in wattierte Wintermäntel rammte. Kaum war ich drin, bekam ich das harte Los eines Brillenträgers in der kalten Jahreszeit zu spüren: Durch den Temperaturunterschied beschlugen sich meine Gläser von einer Sekunde auf die andere, und ich musste sie, mangels Handschuhen oder eines Taschentuchs, mit den Fingern abwischen, was ein durchaus kunstvolles Streifenmuster erzeugte. Danach spähte ich verstohlen zu den zwei Sesseln, aber die waren besetzt. Es herrschte wirres Durcheinandergerede in mindestens drei Sprachen, und die Gesichter der drei Damen an den Bildschirmen übersetzten das Chaos gekonnt in lehrbuchtypische Stresssymptome.

Ich zwängte mich in die letzte freie Ecke und begann mit dem aus Supermärkten bekannten und beliebten Gesellschaftsspiel *Warteschlangenlotto*. Hier genügte es jedoch nicht, mit Adleraugen die Inhalte der einzelnen Einkaufswagerl zu checken und daraus auf die kürzest mögliche Wartezeit zu schließen. Vielmehr musste ich durch konzentriertes Zuhören den Stand der Verkaufsverhandlungen an den drei Warteschlangenköpfen in Erfahrung bringen: Wer hatte sich bereits für eine Veranstaltung entschieden, wer war noch am Überlegen? Wer scheiterte bei einem Kartenpreis von 20 Euro an der gedanklichen Rechenübung, seine vierköpfige Familie mit Eintrittsberechtigungen zu versorgen, wer würde sogar die Wurzel aus einer zehnstelligen Zahl schneller ziehen als der Vordermann seine Brieftasche? Und wem kommen diese Vergleiche ähnlich absurd vor wie dem Chronisten in genau diesem Augenblick? Nun, wenn man sich krumme Beine in den hungrigen Bauch stehen muss und es zudem unter der dicken Winterjacke immer wärmer wird, können beim Warteschlangenlotto schon bizarre Ideen aufkommen.

Kaum hatte ich den Reißverschluss geöffnet, um ein wenig Dampf abzulassen, sah ich einen Warteschlangenanführer eifrig nicken und die Dame hinter der Budel zufrieden lächeln. *Volltreffer!* dachte ich sofort, hatte sich doch aus den Unterhaltungen hinter dem Englisch sprechenden Mann ergeben, dass die gesamte Schlange der gleichen Reisegruppe angehörte. In Kürze würde er also seine Karten im Dutzend erstehen und die Anzahl der Personen im Verkaufsraum mit einem Schlag um fünfzig Prozent sinken.

Warum haben die sich überhaupt alle hier hereingezwängt? Gütig schob ich es auf die herrschende Kälte, doch meine Nachsicht entsprang wohl eher der Aussicht, nun gleich an die Reihe und alsbald hier herauszukommen.

Der Mann zückte sein Portemonnaie und die Verkäuferin sagte in seiner Sprache: „Das macht einen Gesamtpreis von 250 Euro für 10 Karten."

„Ich zahle aber nur eine Karte", erwiderte er seelenruhig.

„Wie bitte?" Sie wirkte irritiert, schaffte es aber noch, freundlich zu bleiben.

„Bei uns ist jeder Reiseteilnehmer für seine Ausgaben selbst verantwortlich."

Die Irritation pflanzte sich mit Lichtgeschwindigkeit in meine Ecke fort, die Freundlichkeit nicht: *Bist komplett deppert, Oida???* Vielleicht hätte ich es wirklich sagen sollen, auf Deutsch, Englisch oder Esperanto – genützt hätte es kaum. Die persönliche Freiheit hat im 21. Jahrhundert ein Ausmaß erreicht, vor dem kognitive Fähigkeiten wie logisches Denken und praktisches Handeln längst kapituliert haben. Der Einfall, den Gesamtpreis zu bezahlen und nachher – draußen! – mit seiner Gruppe abzurechnen, kam dem Mann überhaupt nicht. Voll Ohnmacht musste ich in der Folge mit den übrigen Wartenden zusehen, wie jeder und jede einzeln nach vorne trat. Und sie hatten nicht etwa die 25 Euro parat, um sie zügig gegen das Eintrittsticket tauschen zu können. Nein, sie hatten auch noch Sonderwünsche.

„Ich zahle mit Visa." – „Ich mit Mastercard." – „Ich zahle bar. Können Sie einen Fünfhunderter wechseln?" – „Sind das auch gute Plätze?" – „Wann müssen wir dort sein?" – „Nehmen Sie auch britische Pfund?" – „Ich zahle zwei Karten. Halt, ich habe nicht genug Geld eingesteckt. Elise, lass 25 Euro rüberwachsen. Wo bist du? Hat irgendjemand meine Frau gesehen?"

Und so weiter, und so fort. Ich sah meine Chancen auf einen abschließenden Besuch im *Tomaselli*, den ich fix eingeplant hatte, auf ein Minimum sinken.

Endlich an der Reihe, war ich längst schweißgebadet und der Muskelübersäuerung nahe. Ich wollte nur noch drei Karten – wofür, war mir mittlerweile ziemlich egal –, bezahlen und raus. Leider waren aber meine Gelenke durch die lange Warterei der Spontanverrostung anheim gefallen, und so erlitt ich einen neuerlichen Rückschlag in dieser Posse. Ein Mütterchen, das regungslos und zusammengesunken auf einem der beiden Sessel gewartet hatte, legte einen unglaublichen Frühstart hin und stand doch tatsächlich vor mir an der Budel.

„Ich habe nur eine Frage", krächzte sie zur Entschuldigung, aber aus ihren Augen sah ich eindeutig ein triumphales *Erster – Ätsch!* blitzen.

„Was kann ich für Sie tun?" Die müde Angestellte hatte den Tag längst in der Kategorie *grottenschlecht* verbucht und wartete gottergeben auf ihren Dienstschluss.

„Wissen Sie, wann die Konzerte der Bachgesellschaft im nächsten Jahr stattfinden?"

Das steht sicher am Plakat! Schauen Sie auf der Litfaßsäule nach, wenn Sie altersweitsichtig sind! Mein Flehen blieb innerlich.

„Vom 4. bis zum 20. Oktober 2008", lautete die Auskunft.

Was??? Wegen einer Veranstaltung, die in zehn Monaten beginnt, drängeln Sie sich an mir vorbei? Heute ist der 4. Dezember 2007!

„Vielen Dank", antwortete die Frau und setzte, nur um mich zu ärgern, hinzu: „Den Monat wusste ich noch, aber nicht mehr die genauen Tage."

Und genau die werden Sie bis zum kommenden Herbst noch zehnmal vergessen! Dann tauchen Sie hier auf und stehlen unschuldigen Kunden, die tatsächlich etwas kaufen wollen, ihre wertvolle Zeit! Meine Melange beim Tomaselli ist längst den Bach hinuntergegangen!

Allein mein ausufernder Zynismus bewahrte die Frau vor einem verbalen Angriff, der vermutlich unvermeidbar gewesen wäre, hätte sie sich auch noch nach den genauen Sitzplänen der Veranstaltungsorte erkundigt.

„Hallo. Ich habe Karten reserviert."

Dass ich überhaupt noch die Gelegenheit bekam, diesen Satz auszusprechen, schien mir in diesem Moment wie ein vorweihnachtliches Wunder.

„Den Namen, bitte."

Ich nannte ihn, doch offenbar war meine Stimme durch das lange Warten undeutlich geworden, was wiederum einen aus vielen Telefonaten bekannten Dialog auslöste.

„Sind Sie der Herr Friedrich Klampf aus der Glockengasse?"

„Nein, ich bin der heute nicht mehr *glänzend* gelaunte Hannes *Glanz* aus *Hallein*."

Die junge Dame ging mit keinem Wimpernzucken auf meine übermäßigen Betonungen ein. Heute war ihr ohnehin schon alles egal.

„Hier habe ich es. Dreimal fürs Adventsingen am kommenden Freitag."

Mangels einer englischen Reisegruppe bezahlte ich den Gesamtpreis für alle drei Karten, zog den Reißverschluss meiner Jacke zu und trat in den nun vollkommen dunklen, bitterkalten Winterabend hinaus.

Der Kellner im *Tomaselli* schaute zwar überdeutlich auf die Uhr, als ich gerade 15 Minuten vor der Sperrstunde eintrat, doch mein gefährlicher Blick versagte es ihm wohl, mich abzuweisen. So bekam ich auch noch meine Melange, und sie schmeckte herrlich wie lange nicht – neben Kaffee und Milchschaum stieg mir auch das unvergleichliche Aroma eines im wahrsten Sinne des Wortes *überstandenen* Abenteuers mit Touristen in der freien Wildbahn der Salzburger Altstadt durch die angefrorenen Nasenlöcher.

Ganz zum Schluss bleibt mir ein zerknirschtes Geständnis nicht erspart:

Weil sich das eben geschilderte Erlebnis, wie bereits erwähnt, Anfang Dezember zugetragen hat, wollte ich es noch im Laufe des Advents zu Papier und meiner Leserschaft in Form einer überdimensionalen Weihnachtskarte zur Kenntnis bringen, als mahnendes Gegenbeispiel zu den kursierenden *Wie glücklich sind wir doch in der stillsten Zeit des Jahres, wo alle Feinde zu Freunden werden*-Weihnachtskarten.

Dass mir dies nicht gelungen ist, haben Sie bereits selbst gemerkt. Schuld daran bin jedoch nicht ich, sondern der Weihnachtsstress. Und der wird bekanntlich verursacht von – siehe oben.

Das Kind

Die zweite Sonntagsmesse in der Franziskanerkirche wird meist von einem älteren, sehr stoisch wirkenden Pater gehalten, der nicht viele Worte macht, aber bei Notwendigkeit fotografierende oder zu laute Touristen vom Altar aus in aller Deutlichkeit zurechtweist.

Entsprechend streng ist sein Gesicht auch beim Verteilen der Kommunion, doch heute wird diese Bastion im Sturm erobert. Ein höchstens dreijähriges Mädchen, den Schnuller entschlossen zwischen den Zähnen, drängt sich durch die vielen Erwachsenenbeine, kniet neben mir auf der Marmorstufe nieder und schaut mit riesigen Augen zu dem Pater auf. Dieser stutzt eine Sekunde, beugt sich dann hinunter und setzt ein zartes Kreuz auf die Stirn des Kindes. Er lächelt noch, als die Kleine schon nach hinten läuft.

Freude ist ein Geschenk, das viele Menschen auf dem Dachboden ihrer Lebenserfahrung verstaut haben wie eine Schachtel mit alten Fotos. Nur Kinder besitzen die Gabe, sie für uns wiederzufinden – ganz mühelos, ohne fremde Hilfe. Sie verschenken sich einfach selbst, immer wieder neu.

Mein Dank an die üblichen Verdächtigen

Elisabeth Gölß, Professorin für Deutsch und Latein, übernahm trotz Terminknappheit neuerlich das Lektorat und stellte mir bei der gemeinsamen Durchsicht oft ihre verwirrende Lieblingsfrage: „Was meinst du damit genau?"

Thomas Wizany, der sich trotz stetig wachsender Karikatur-Aufträge sofort bereit erklärte, wieder ein Titelbild zu zeichnen. Bei der Übergabe des Originals im Café Classic war nicht nur ich begeistert, sondern auch die Besucher am Nebentisch.

Herbert Weishaupt, Verleger mit grenzenloser Nachsicht, der sämtliche „Eine Geschichte hab' ich noch!"-Änderungswünsche bis zum letzten Moment akzeptierte und danach die allerletze Version in ein wunderschönes Buch verwandelt hat.

Hallein-Rif, im Juli 2009

Verzeichnis

Romantik verzweifelt gesucht ... 10
Saisoneröffnung im Golfklub ... 24
Tankstellen und die holde Weiblichkeit ... 25
Partnersuche, unterschiedlich ... 27
Schönes Schnoferl ... 32
Jungmännerabend im Casino ... 33
Fehleinschätzung ... 34
Themenwechsel, männlich ... 35
Hochzeits-Crasher wider Willen ... 36
Horizontal gereimt ... 52
Satiriker wider Willen ... 54
Mein bester Freund ... 55
Knödel oder Brösel ... 63
Gebührende Anstrengung ... 66
Déjà-vu, schmerzhaft ... 68
Glückspiel, intensiv ... 75
Fußball in der Lebensabschnittspartnerschaft ... 88
Fettnäpfchen, bayrisch ... 91
Tourismuswerbung, steirisch ... 92
Was Mozart sagte ... 93
Behinderung, gesetzlich ... 96
Die Post bringt allen was ... 104
Geschichtsfolgen ... 108
Der Paprikadieb ... 109
Der kleine Vampir ... 113
Urlaub vom Staat ... 115
Echte Prüfung ... 120
Schriftsteller-Erpressung ... 122
Auf der Nachtseite ... 123
Gesprächsmultitasking ... 128
Winteridylle ... 130
Erziehung, öffentlich ... 148
Betthupferl und Flohhupferl ... 153

Der Frau Bürgermeister neue Kleider ... 156
Wo geht's hier vom kika nachhause? ... 161
Hundebeziehung ... 169
Prinzessinnen auf Erbsen ... 170
Hungeropfer ... 176
Weihnachtsstress, wissenschaftlich ... 178
Das Kind ... 184

Hannes Glanz
erzähl' mir das Leben
ISBN 978-3-7059-0116-2
15 x 20 cm, 128 Seiten, geb.,
€ 17,90

Nach seinem Romandebüt „Ich nenne es Sommer", einer zauberhaften Liebesgeschichte, wendet sich Hannes Glanz wieder der Lyrik zu. Erneut gelingt es dem Autor, der Tiefe seiner Empfindungen sowie seiner Liebe zur Schönheit der Sprache in gereimter wie auch in freier Form Ausdruck zu verleihen.
Das Titelbild stammt von Renate Kosch.

Hannes Glanz
Der Kernölbotschafter
Satirische Miniaturen
ISBN 978-3-7059-0240-4
14 x 21,5 cm, 176 Seiten, geb.,
Titelbild: Thomas Wizany
€ 19,80

Seit über zehn Jahren streift Hannes Glanz durch die Mozart- und Festspielstadt Salzburg. Kein Kaffeehaus ist vor seinen scharfen Beobachtungen sicher, keine Amtsstube vor seiner spitzen Ironie, kein Zeitungsartikel vor seinen beißenden Kommentaren. In diesem Buch steht geschrieben, was Sie schon immer über einen Steirer in Salzburg wissen wollten!
Das Titelbild stammt von Thomas Wizany, dem bekannten Karikaturisten der Salzburger Nachrichten.

Weishaupt Verlag, A-8342 Gnas 27
TEL innerhalb Österreichs: 03151-8487, FAX 03151-84874
TEL vom Ausland: +43-3151-8487, FAX +43-3151-84874
e-mail: verlag@weishaupt.at
Internet: www.weishaupt.at